Anomalías Sociales

Indocumentados, La Mujer y La Guerra

Dedicatoria

A mi ex-esposa Carmen H. Ortiz (Negri), y a mis hijos Richard, Ryan, Ramfis y Ruddie. Les amo siempre...

Richard

INDICE

Capítulo Primero

Capítulo Segundo

Capítulo Tercero

Introducción

Descubriendo al autor como crítico social, analista económico, y despertador de conciencias me doy cuenta, que más allá del agradecimiento que sentimos por ser recibidos en este país como exiliados económicos, están las diferentes situaciones que al unirse, engrandecen o hacen pequeño, confiable y acogedor un lugar.

Éste documento lleno de sentimientos, analiza la situación actual, llevándonos a comparar, viajando en nuestra mente y quizás nuestro cuerpo, al día que los peregrinos llegaron a América, en busca de libertad... ¿De expresión? ¿De movimiento? ¿De culto? Miles de preguntas asoman a los cerebros pensantes, y siendo honestos preguntamos, ¿Llegan estos clamores, frente a la puerta de los despachos, de los que hacen y aprueban leyes?

He podido analizar mientras en las madrugadas leía el "proyecto de paz" de Richard Montalvo, que más que un análisis interno éste libro, es un análisis mundial, porque los resultados de lo aquí expresado es distorsión social, donde los ricos cada vez son más ricos y los pobres cada vez más pobres, resultado de esto, la inmigración de los que les gustaría, pertenecer a la exiliada, ¿clase media?, que sustenta y visita la "tierra de sus padres" algunos días… de algunos años.

Richard Montalvo y sus desgloses sociales y políticos, nos hace pensar y en nuestro propio idioma, de calle vemos, claro, pero a través de un cristal que debemos tener activo constantemente, el parabrisas de nuestra conciencia para que no se empañe, y seguir como espectadores conscientes la trayectoria, trabajando con honestidad, como lo hacemos la mayoría de los inmigrantes y que el escaso por ciento que mal usa la oportunidad no nos arrope, creando un decir colectivo de malas expresiones.

Hablar con sentimiento, casi con pasión de situaciones políticas, sociales y económicas, datos precisos, que son parte de una historia cercana, presenta al escritor, como un ciudadano, que ama a su patria y le gustaría ver ondear su bandera, ribeteada de luz, y poner la mano en su pecho con la frente en alto, repitiendo de forma analítica las letras del himno nacional, sin que en sus ojos asomen lágrimas de tristeza por los prostíbulos, los abusos de inmigrantes, los mal tramados proyectos y estrategias, que según lo escrito por Richard Montalvo, han llevado éste caudaloso río, a la ribera de la destrucción...

He aprendido y es mí conclusión, que el dinero es progreso, que cuando se toma con malicia, puede ser el causante de terminar hasta con lo que no ha comenzado las siguientes generaciones de ¿biznietos?,

¿tataranietos?, que no disfrutarán las bellezas naturales, y fue la destrucción del hombre por el hombre, por ambición ha cerrado los caminos sociales, económicos y morales.

Que sean estas páginas vibrantes un granito de arena en éste desierto social, lleno de sangre, mentiras y fraude, y quizás yendo años, muchos años, por delante, los que serán ancianos en ese futuro, exclamarán; Gracias a Richard Montalvo, hemos aclarado nuestras dudas...

Agueda Villamán

Mediumnidad Espiritual

INDOCUMENTADOS

Cuantas cosas negativas y ofensivas les han imputado a mis hermanos los indocumentados. Cuanta injusticia se ha hecho contra estos hombres, humildes trabajadores que todo lo producen sin derecho a nada. No tienen seguro peatonal, ni mucho menos de vida o de salud, trabajan largas horas, siete días a la semana en su mayoría y como si fuera poco ayudan a sus familiares en el extranjero a través de las famosas remesas o envío de valores. No existe un futuro alentador para ellos aquello de "El sueño americano" no se vislumbra en el horizonte para mis hermanos. Son víctimas en su mayoría, de violaciones a sus derechos, trabajan en unas condiciones inhumanas y muchas veces no tienen las condiciones higiénicas necesarias que deben ser provistas por los patrones. Entiéndanse por estos, servicios sanitarios adecuados, camas, y ni mencionar la comida, tan necesaria para el sustento de sus materias.

No solamente me refiero a los mexicanos, por ser hispanos, sino a los africanos, chinos, europeos, irlandeses y los asiáticos del sur.

Los Estados Unidos de América fue, es y será un país de inmigrantes, nació, creció y se desarrolló en manos de inmigrantes. Esto es cónsono y consistente con las profecías de Abrahán, donde dice

"Tu semilla habría de regarse por todo el mundo". En adición, cuando los europeos están siendo perseguidos y hostigados por los gobiernos totalitarios y absolutista unos hombres deciden abandonar al país en busca de mejor vida y embarcan hacia la hoy llamada "América" y llegan a Plymouth, hoy Massachusetts o Nueva Inglaterra, Boston. Así, se cumplía también aquella profecía de Moisés, cuando se le recomienda en su lecho moribundo, exánime, desangrado a Josué y Aarón; "Levántate y ve a aquellas islas apartadas que no oyeron de Hellí ", Las Américas.

Pero mis hermanos ya esto es metafísica y aquí hay mucha tela para cortar y mucha.....Sólo quería probar este punto de gran sabiduría y a la vez compartirlo con ustedes.

En estos momentos que escribo sobre este tema, mi pluma está embargada de tristeza y concuerdan en mis ojos lágrimas de gran sentimiento profundo. Sigamos preguntando... ¿Quiénes eran los dueños? Oigo internamente la voz de la conciencia que me aclara y dice, los indios nativos. Entonces, ¿quiénes llegaron como arrimados y salieron como los dueños, desplazando a los indios? Fueron los inmigrantes. Pero vayamos más allá, no sólo los desplazaron sino que le quitaron sus tierras, sus pieles y dejaban a sus compañeras (esposas) en estado grávido o de preñez, así abusaron de los dueños de ésta tierra. Ahora la historia, no muestra cómo ocurrió esto, sino que dicen que los indios eran salvajes, caníbales y asesinos. Entonces, mis hermanos no tienen derecho a sacar a nadie porque esta tierra es de todos y los blancos cometieron esos crímenes y no los hispanos, porque es que la tienen emprendida contra ese grupo específico, a pesar que no le tienen misericordia a ningún grupo. En otras palabras esto no es un problema latino, sino que transciende más allá y afecta por igual, profunda y fundamentalmente a todas las otras comunidades.

Tales violaciones e injusticias se han visto manifestaciones de miles de personas. No sólo en Nueva York, sino en otros estados de ésta nación, como Arizona, California y los Ángeles. En Nueva York, cerca de 300,000 personas estuvieron manifestando verdaderamente lo que son: una fuerza laboral inmensa, capaz de detener a cualquier ciudad. Debo aclarar que hay dos grupos anti-inmigrantes que se están organizando en diferentes estados, por ejemplo en Arizona, para detener según ellos, los ilegales. Tales manifestaciones han llegado a infringir la ley y el respeto que debemos a los valores y principios hacia un país.

Es por esta razón que existen las marchas en repudio a la ley antiinmigrante que fatalmente se aprobó en Arizona. La ley llamada SB1070, toca a políticos, artistas y organizaciones y son todos unidos los que le han pedido al gobierno federal que se declare inconstitucional.

La gobernadora ha abierto una caja de pandora al señalar que "la inmigración ilegal implica el aumento del crimen y el sufrimiento del terrorismo en el Estado", termina la cita. Pero la tienen emprendida contra los maestros también.

Ahora resulta que los maestros que no dominen bien el inglés y tengan acento, no podrán enseñar en las escuelas. En adición, se prohíbe cualquier tema que ahonde o promueva resentimiento racial o clase social, eso envuelve el politizar el conocimiento. Los hispanos debemos boicotear todo aquello que venga de

Arizona, no comprar nada, ¿Porqué?

Porque el dinero es por donde se le da más duro, a estos racistas raquíticos enfermos de la conciencia. La batalla sigue y estamos de pie.

El consejo de los Ángeles, solicitó devorar un paquete de incentivos fiscales para las empresas que deseen salir ante una ola de bloqueos económicos, implementados en distintos municipios, como respuesta a la nueva ley antiinmigrante.

Al acusar a los indocumentados, le da a la política el visto bueno para disparar indiscriminadamente y arrestar a cualquier persona que sea para ellos sospechosa o terrorista. Los Ángeles, la segunda ciudad más importante de EEUU, mantiene 48 contratos con 25 empresas con sede en Arizona, cuyo costo es alrededor de 52.6 millones de dólares. Dichos contratos envuelven servicios de ingeniería y construcción, mantenimiento de helicópteros, asistencia telefónica y asesoría, sean terminados.

La respuesta del gobierno de Arizona fue, "El ayuntamiento de Los Ángeles luce irremediablemente fuera de contexto".

Recientemente uno de éstos manifestantes quemó una bandera mexicana y luego la pisotearon, pienso yo que fue con la intención de humillar, lastimar y ofender lo más sagrado del sentimiento patriótico mexicano. No quiero tan sólo imaginar lo que hubiera pasado si uno de mis hermanos mexicanos hubiera de rabia o por orgullo propio, respondiendo a un acto provocativo de esta índole, hubiera en justa acción quemado una bandera pecosa. ¡Asquerosos!, ¡Ladronazos! ¡Vil manadas de puercos! Después que éstos, mis hermanos vienen hacer el trabajo que ellos (los ricos racistas) no hacen, porque son orgullosos y tratan como mierda a mis hermanos trabajadores.

Si alguna vez debió haber llovido fuego del cielo ahora es el momento, antes que el pueblo en justa manifestación lo prenda todo...Deberíamos nosotros los hispanos en respuesta a tal ignominia y atropello nunca jamás ondear una bandera

Americana. Por otro lado la "Estatua de la Libertad" cumplió (120 años). Ésta, fue un regalo de Francia por el honor a ese derecho que todo ser humano tiene: La libertad. Con ella llegaron a un ideal distinto, una luz de esperanza y a la vez cientos de miles de personas clamaban por su antorcha para poder escapar de la persecución que estaban sometidos en sus países, convencidos de un alentador mañana. A veces me pregunto... ¿Que diría la Estatua de la Libertad, si pudiera hablar? ¿Cuántas lágrimas hubiera derramado ante tanta injusticia? ¡Qué lástima!

Como es posible que algunos no vean en su ceguera la contribución magna que han hecho los inmigrantes (son el motor) y mano de obra al desarrollo socioeconómico de lo que es la existencia de los Estados Unidos de América. Los inmigrantes hispanos son el grupo más dinámico, que representan un millón de millones o sea, un billón en español en dólares. Esa es su capacidad adquisitiva.

¡Grande Verdad! Entonces, como es posible que el gobierno americano quiera construir un muro de (750) millas de largo en la frontera de México, que tiene más de (2,000) millas en su totalidad. En adición, darle el visto bueno a los anti-inmigrantes racistas Minute-Man, (llamados así porque se armaron en un minuto cuando venían los ingleses) para atacarlos. Lo triste del caso es que estos "Minute-Man", luego serán un grupo de "Libertadores Patrióticos" así llamados por el Gobierno Americano, pero en verdad serán un grupo paramilitar con el visto bueno, de todos los ignorantes racistas con sólo una intención: Represión Anti-inmigrante.

Tal es la represión y el odio que en Escondido, una ciudad de California, viven más de (150) mil personas y el (50%) son inmigrantes. ¿Qué irán hacer allí las autoridades? ¿Castigarán a toda esta gente? Yo no sé, pero creo que no hay cárceles disponibles para (75) mil personas. Así también ocurre en Nueva York. Si Michael, decide deportar a ese (40%) de la población. ¡Qué colapso en la mano de obra!

Debo también mencionar el descaro del republicano vietnamita Tan Nguyen, candidato en Orange, California tratando de intimidar a los inmigrantes hispanos con una idea, un truco patético sucio, a última hora diciendo y cito " Si usted es ilegal, su participación en la votación es un crimen y será encarcelado". Queda de manifiesto que los hispanos a pesar que nos discriminan, nos abusan, somos esclavizados sin derechos a nada nos temen, nos cuentan y somos una clase obrera respetable, porque si no fuera así, ¿Qué propósito el Sr. Nguyen, tenía en mente cuando le advirtió a los poderosos inmigrantes? Les recuerdo que un tal Oliver Curry, menciona que para el año 3,000, yo digo antes, no habrá nadie puro o por las mezclas de razas entre sí, pero habrá un color más o menos uniforme color café claro o sea canela claro. Confirmando esto de que "Un sólo idioma hará una sola raza".

Recordemos que estos inmigrantes son los que recogen los frutos, hortalizas y que sin ellos, esas cosechas que deben recogerse en un tiempo prudente (se dañan), sólo tienen el conocimiento ellos. Nadie de los ancianos, irá a recoger esas cosechas por la paga tan baja y encima no tienen las destrezas.

Es por esta razón que los agricultores estaban experimentando una presión tremenda y se la pasaron al Senado con sus quejas. El Senado, rechazó el "Acta Ags

Jobs", la que permitiría a los inmigrantes agrícolas, el legalizarse debido a la necesidad tan imperiosa porque son la mano de obra. De esta manera la economía no se afectaría. El Departamento de Estado, de los Estados Unidos, suspendió las residencias por empleo, debido a la gran cantidad de solicitudes que deben ser certificadas por el Departamento de Trabajo. El mismo gobierno ha mencionado que los inmigrantes son necesarios, preparados y experimentados para hacer el trabajo agrícola, que los americanos (vagos) no quieren hacer. Digan ahora que su propio gobierno no les dijo vagos.

Queda claro, la gran necesidad de legalizar a estos indocumentados, pero el sistema da necesidad de legalizar a estos indocumentados pero los rechazan.

Que injusticia tan grande hermanos. El factor más importante es que los mexicanos han asumido la responsabilidad de representar a todas las comunidades latinas, ellos han puesto el pecho para las balas que nos han disparado.

Una práctica indeseable del Departamento de Inmigración de Aduana (ICE), está haciendo desaparecer a los inmigrantes, debe ponerse fin a esconder a estas personas en lugares perdidos, fuera del radar de las instalaciones. Estos lugares se suman al maltrato deplorable a estos humanos que representan la fuerza laborable. Entre las malas condiciones están, el hacinamiento en las celdas sin acceso a las necesidades básicas, como toallas sanitarias para las mujeres detenidas.

Ya es hora de que revele ICE, donde están éstos sitios secretos que han silenciado, ni siquiera han tenido derecho a presentar su caso. El hecho que las oficinas secretas hacen eco a un sistema militar es algo aterrador.

El Departamento de Inmigración y Aduanas (ICE) está haciendo en el siglo 21, los mismos hechos que Hitler, les hacía a los judíos, segregación, hostigamiento, encarcelación en campos de concentración, pero más modernos y con disimulo. La maldad es la misma, también la finalidad.

Pregunto yo; ¿No serán estos hermanos míos, los mismos que apoyaron a Hitler, en otro cuerpo, otra ciudad? Por los efectos se conoce la causa....

Tal es el caso de la inmigrante Elvira Arellano, que llevaba meses recluida en una iglesia metodista en Chicago, donde se ha resistido a acatar una orden de deportación.

El caso Arellano, ha ocupado todos los periódicos, desde que empezó, luego su arresto en el aeropuerto "O'hara". Está ya clasificada una mártir y activista a favor de la unidad familiar. Es por esto que la revista "Time" la ha considerado como una de las figuras del 2006. Así ocurrió en la revista "Latina". Según dice la revista "Time" logró convencer a la gente y darle un matiz humano, al movimiento pro reforma migratorio.

Más allá de ser unos números los indocumentados son personas trabajadoras serias y sobre todo honestas. Es por esto que compartimos los fines de Arellanos, reforma migratoria, reunificación familiar para todos, oportunidades de trabajo y aprobar ciudadanía a nuestros hijos.

Su pequeño hijo Saúl, se ha convertido en una voz, en el paladín de los inmigrantes, me imagino la presión que debe tener este niño. Me pregunto: ¿cuál serán las consecuencias en este niño, el cual en estos momentos representa a 3 millones de niños como él, que corren su misma suerte? ¿Qué diríamos de los 12 millones de inmigrantes? Lo cierto es que, no podemos usar a un niño como explotación o chivo expiatorio en una lucha humana, moral, política, económica, que atañe a los principios y valores en una batalla de estos seres humanos, por conseguir el pan de cada día y ser reconocidos en este injusto país...

Inmigración es un Asunto Federal

Desde el año 1996 en que entró en vigor el Ilegal Immigration Reform and Immigrant Act, el Gobierno Federal, estatal y municipal han estado trabajando mano a mano.

Este es el caso de Massachussets, donde se firmó el acuerdo entre el gobierno federal y estatal, dándoles poder a los policías para arrestar y entregar a inmigración a cualquier ilegal.

Pero lo cierto es que, el estar en los EEUU, sin documentos no es una violación criminal, sino una civil, también compete a las autoridades Federales este asunto y por último, las relaciones entre inmigrantes y la policía en la comunidad se empeorarán, no reportando ningún caso criminal a la policía por temor a deportación.

Además, en la Constitución, que es el valor básico de las democracias, pero debemos reconocer las ilegítimas leyes disfuncionales que hasta ahora han producido una crisis de valores, de ilegalidad, polarización de la sociedad y sufrimientos a millones.

En una época en la que seguridad nacional es usada como arma, aduciendo que los ilegales son criminales, cuando en realidad no planean ningún atentado, no son unos pandilleros, ni narcotraficantes, pero pueden detener las labores y la producción de una compañía.

La realidad es que existe ese

pendiente, que como nación de derechos humanos, nos deben la oportunidad que se ha aplazado inhumanamente para los doce (12) millones de habitantes que trabajan en este país sombrío y tratan de cumplir una misión.

Ordenanza Municipal en Beanfort

Ciertos empresarios del Condado de Beanfort, Carolina del Sur, se opusieron a una ordenanza que busca revocar las licencias comerciales de aquellas compañías que a sabiendas, contraten a indocumentados ilegales. Por lo general estas empresas incluyen, construcción, hoteles y restaurantes y dicen que no podría causarles el cierre de negocios legales. Tampoco se menciona quién va a enforzar esta ordenanza y cómo se hará cumplir.

Guy Kubic, administrador del Condado, en un memorándum a los concejales les comunicó, que necesitará alrededor de 24 empleados a tiempo completo con un costo de (840,000) dólares para auditar tantas licencias.

Nuevamente, todo el que busca mantener su familia y viene aquí a trabajar por razones de superación le niegan trabajo, lo abusan y termina pagando penalidades injustas.

También existen instituciones o asociaciones que están siendo presionadas por el gobierno que ayuden a indocumentados. Este proyecto que ahora se debate y que fue presentado por los republicanos Janos Senserbrunner y Peter King, (HH4437) podría afectar a muchas instituciones que ayudan a muchos indocumentados a través de sus programas. En Manhattan Joel Magallán, quien recibe fondos de parte del gobierno, dice que no podrá ayudar a los indocumentados debido al temor de ser penalizados y le retirarían fondos federales que ayudan a entrenar personas sobre casos de inmigración desde inglés, computación y GED.

En adición, serían tratados como criminales y procesados todo aquel que los ayude.

También en el condado de Suffolk, están haciendo lo suyo, tienen un plan muy parecido al de Beanfort. Le están pidiendo a los contratistas de no emplear a nadie sin documentos legales. El proyecto ganó apoyo y fue aprobado en la Cámara, pero no en el Senado, pretende castigar a todo aquel que ayude a cualquier inmigrante indocumentado, incluso con agua y comida. ¿Qué más van a inventar para discriminar a mis hermanos?

Indocumentados en los Hospitales

Mi temor es que otros condados emulen esta ordenanza injusta y que se haga un proyecto en la Cámara y el Senado a nivel de nación. Esto sería devastador. Muchos de los contratistas se benefician de estos indocumentados por el bajo salario que le pagan, en adición de no tener ninguna cobertura o seguro peatonal o de desempleo.

Esto no sólo aplicaría a contratistas, sino a todo aquel como por ejemplo, religiosos, doctores, enfermeras, trabajadores sociales y profesores. Todos en general serían vistos como criminales. No existe alguna persona que le pregunte un indocumentado, por comida, agua o un abrigo y éste pregunte, ¿es usted legal en este país? ¡Qué vergüenza!

Esto estaría en justa posición para un religioso, ya que son principios que van en contra de esta barbarie.

Para los trabajadores de la salud como los enfermeros, doctores y trabajadores sociales, ésta entraría directamente en conflicto con los juramentos profesionales, principios y ética médica. Para los profesores el ideal de ayudar a los jóvenes para un mañana mejor y su compromiso educativo estaría en falta.

Personalmente preferiría el proyecto McCain-Kennedy (S2610), que tiende un poco a defender el derecho de los inmigrantes a buscar el pan de cada día, a través de un programa de trabajo con miras a integrarse gradualmente a la sociedad americana como "trabajadores huéspedes" para luego de una transición lograr quedarse aquí con un estatus de residencia permanente o ciudadanía.

Ahora resulta que el Congreso, buscando siempre como discriminar, discute un proyecto para obligar a los médicos a fotografiar, tomar huellas digitales y reportar a las autoridades a los indocumentados.

Por eso se propuso el proyecto Acta Real ID, éste es una trampa y fue disfrazado como una medida para mejorar la Defensa y Seguridad Nacional. Para tratar de engañar al país. ¿Qué otro proyecto anti-inmigrante inventarán? Esto es una jugada cobarde, añadir el Acta Real ID, a una propuesta para aportar fondos a nuestras tropas en Irak y Afganistán. El Congreso, nunca tuvo un debate profundo acerca del contenido del Real ID. Los republicanos en su mayoría determinaron esto es lo que va y punto.

El proyecto es que de este proyecto convertirse en Ley, habría muchas muertes, debido a que los indocumentados con temor a ser deportados o castigados no acudirían a los hospitales para atenderse. Este proyecto denominado "Enmienda de Asistencia de Emergencia a los Indocumentados" y que fue presentado como una contribución a la seguridad del país, fue presentado por Dana Rohra

Bocher.

El problema es que los hospitales, de ser aprobado este proyecto tendrían que reclutar personal para retratar y tomar huellas de estos indocumentados y esto costaría mucho dinero, además de aumentar el trabajo burocrático de un sistema saturado.

Esto conllevaría a incurrir en un gasto extra, que bien podría utilizar esos fondos en otras necesidades médicas o en la búsqueda de la cura de enfermedades.

En adición, si viendo un paciente en "Emergencia" no se siente bien, ¿Cómo podríamos exigirle a un paciente que contribuya si su estado de salud no lo permite? También los pacientes que son indocumentados no asistirían hasta estar en estado grave, lo que conllevaría a aumentar el costo de su tratamiento.

Pero la pregunta que debemos hacernos es, ¿cómo sabemos a quién reportar? Quizás por apellido, Montalvo, Ceára o Ramírez. ¿Será por el color de su piel? Color indio, seguro indocumentado.

La misión de los hospitales es de tratar gente y curarla no de reportarla. No son policías, no harán el trabajo de ellos. Además, distraería el propósito del cuidado que deben tener los hospitales. ¿Qué más van a inventar estos republicanos? Si estaría "Hipócrates" vivo, ¿Qué diría éste maestro?

México, Inmigrantes &Economía

Desde que se estampó la firma de (NAFTA) tratado de Libre Comercio Norteamericano en 1992, México, sólo ha ido en retroceso en su economía.

Cada año México, necesita de un millón de puestos de empleo más, pero no alcanza esta meta por medio millón. Como consecuencia, miles de mis hermanos mexicanos se ven forzados a la economía informal, otros van a donde puedan encontrar trabajo, por ende, se crea el círculo vicioso y la fuente de tanta inmigración. Los mexicanos no están aquí porque quieren, sin que sus gobiernos los hayan obligado a emigrar para el sustento de sus familias, por la agenda política americana en su país. Es que las exportaciones se concentraban mayormente en las máquinas, el segmento de bajo recinto aduanero, en el que la materia prima se importaba mayormente de los Estados Unidos, para luego ser exportada en forma de productos terminados o acabados.

El dilema de México, radica en carecer aún de una producción favorable para la exportación y de un ritmo de expansión económica que pueda generar suficientes empleos para mantener empleados a los mexicanos.

Ahora resulta que los inmigrantes son considerados por los neo-conversadores como desestabilizadores de la economía americana. Siempre hay que buscar chivos expiatorios a alguien a quien echarle la culpa. La deuda externa mejicana, ya casi está a equiparar la mitad del Producto Bruto Nacional (PBN). Su deuda es de 210 millones. Es por esta razón que Vicente Fox, visito a Bush, para exhortarles a los mexicanos, 17 millones a que manden más dinero a México, e invertir más en proyectos de su país.

Es que estos "gringos" copian de los grandes gobiernos llenos de odio, que practican la xenofobia, para verdaderamente ocultar las causas del caos y sus crisis. Le era más fácil utilizar a los inmigrantes como los causantes del mal, para justificar sus fracasos ante su nación.

La historia está llena de estos ejemplos, recuerdan a la Rusia (Zarista) y luego Alemania (Nazi) que culpó a los judíos por sus derrotas geopolíticas y fracasos financieros. En Francia, culpaban a los Argelinos y tunecinos, supuestamente porque frenaban el crecimiento económico y le quitaban el trabajo a los franceses de "pura cepa".

Sin embargo, hoy en día Europa, no funciona sin la sangre extranjera de los inmigrantes y tienen que absorber a los árabes, asiáticos, e hispanos en la Europa Oriental.

Voy a dar un ejemplo solamente, en Londres, el 20% de los doctores, el 47% enfermeras y el 70% de los empleados del sector de servicio son inmigrantes.

Lo cierto es que para el año 2015 Estados Unidos, necesitará unos 15 millones de inmigrantes nuevos porque ya sus habitantes Anglosajones, serán viejitos.

Es por eso que Bush, y su campaña lo que quiere es desviar la atención y esconder lo que está pasando en el país; el bajo crecimiento económico, el aumento descontrolado de los gastos militares, el endeudamiento presupuestario, la des-industrialización, a lo cual los grandes economistas ya han avisado de la crisis en la "meca" de las industrias Cleveland, Chicago y Detroit, que hoy se ve en la industria de los carros. Verdaderamente los 12 millones de inmigrantes y 36 millones de legales somos el soporte de la economía. ¿Qué harían sin nosotros?

Para demostrar claro que somos el soporte de la economía americana un estudio del Colegio de la Frontera norte de la Universidad Autónoma, ciudad Juárez, indicaron que del 2000-2005, los compradores mexicanos que cruzaron El Paso, gastaron 13,500 millones de dólares.

El Banco de la Reserva dice que la mayoría de los compras se pagaron en efectivo (cash).

Un analista en El Paso, Jesús Cañas, explicó que la prosperidad del sector norteamericano en la frontera está directamente proporcional y relacionado con la estabilidad del peso mexicano. Si el peso está estable, hay capacidad de compra de los mexicanos que viven en la frontera.

Hay que destacar la aportación de la comunidad mexicana en el desarrollo económico del pueblo americano, dentro de los Estados Unidos y fuera, aún en la frontera.

Indocumentados demandan a Walmart

Los inmigrantes mexicanos que trabajan como empleados de limpieza, acusaron a Walmart y sus contratistas de limpieza de no pagarles horas extras, retener sus impuestos y requerirles que pagaran tarifas para el fondo de compensación laboral.

Los demandantes que enfrentan deportación y que suman 250 personas arrestadas, en (60) tiendas en (21) estados.

Según la demanda Walmart, empleó a contratistas de limpieza con pleno conocimiento, de que eran indocumentados y le pagaban menos que los trabajadores legales. Mona Williams, una representante de Walmart, recibió una carta de fiscales federales advirtiéndoles que enfrentaban una investigación, sobre posibles inmigrantes indocumentados empleados en sus tiendas.

Las demandantes alegan que trabajan 56 horas a la semana y no se les pagaba tiempo y medio luego de completar sus (40) horas regulares.

Ahora buscan que Walmart, le pague más de 200,000 dólares en deuda.

Cabe una posibilidad, que los mismos gerentes, luego de los trabajadores haberles reclamado por sus horas extras, los pudieran delatar al gobierno. El abogado Gilberto García, no precisó por cuanto estaba demandando, pero advirtió que lo más importante para él, era luchar para que se respeten los derechos de los latinos inmigrantes que son víctimas de contratistas inescrupulosos.

Es por estas cosas que existe una guía universal creada por un grupo de profesionales, con un conocimiento profundo sobre consultas de índole legal.

Otra empresa o corporación que ha violado los derechos de los inmigrantes indocumentados es Western Union.

Algunos de estos también son www.minimundo.net, rapidimmigration.com y laguiadelimmigrante.net y tienen un directorio en español.

Recientemente en Phoenix, Arizona los inmigrantes que usaban a Western

Union, como su agencia de remesas para enviar dinero hacia México, se les confiscó el dinero por orden de un fiscal.

La razón que tenía el fiscal era que el dinero era producto de la venta de drogas y lavado de dinero, según alegaba a pesar de no tener prueba alguna.

Lo bonito del caso es que Western Union, le cobraba por el envío a sabiendas, que el dinero nunca llegaría a su fin y nunca sería devuelto, causa justa fue hecha por un juez donde los abogados que defendieron a los inmigrantes por su dinero en remesas enviado a México, tuvo que ser devuelto. Según el juez no habían pruebas suficientes para ligar el dinero, al lavado de dinero y mucho menos a la droga. Esto fue una victoria para los inmigrantes. Tanto odio y miedo le tienen a los hispanos. ¿Por qué?

Conclusiones Indocumentados

La necesidad de parte del Congreso, que apruebe una reforma migratoria es inminente en este país. Le costaría mucho menos a esta nación aprobar una ley que permita regular la mano de obra, que tratar de controlar la frontera. Comprendo que el tema de reforma migratoria es sin duda, un tema de seguridad nacional. El terrorismo no discrimina, pero podrían algunas personas quitarle el Moto de "Terroristas".

Hay que mirar la inmigración como lo que es: Un Flujo Laboral Indispensable.

En el 2005, se deportaron 189,930 indocumentados, esa cifra aumentó con respecto al año anterior. Lo que no entiendo cómo es que el presidente Bush, quiere una reforma, cuando creó una agencia específica para deportar a los indocumentados.

No comprendo la lógica detrás de esto, tampoco cúal compromiso es más importante, el de la Casa Blanca, la necesidad económica, política y social de la reforma o el de enviar agentes migratorios a capturar para su deportación, no podemos ser hipócritas. Pero hay otra forma de enfrentar el problema: aumentar el número de trabajadores. ¿Cómo? Facilitando la entrada de inmigrantes para que trabajen en los EE.UU., paguen impuestos, y por lo tanto apoyen a los jubilados. Ahí lo tienen: una conexión obvia entre la reforma migratoria y uno de los problemas fiscales más serios de este país.

Cada vez que deportan a un padre o una madre dejan una familia fracturada. Debemos hacerlos ciudadanos o creamos un grupo permanente de personas de segunda categoría. Si la familia está unida, se forma una sólida base para una sociedad sana y próspera. Por tal razón, es una hipocresía cruel que muchos de las personas que abogan por los "Valores y Principios Familiares" también están a favor de políticas duras de deportación. Esto es totalmente ilógico. Lo triste del caso es, que unos años atrás los republicanos tenían mayoría en ambas Cámaras, fueron los republicanos los que evitaron la aprobación de ésta.

Estos indocumentados que hacen un esfuerzo por reunir el dinero que han de pagarle al "coyote" para traerlos a la frontera, muchas veces dejan atrás su familia, venden sus propiedades, arriesgan sus vidas, muchos la pierden en el transcurso de la travesía, son el verdadero brazo y mano de este país.

Cuanto sufrimiento está envuelto en esta hazaña, cuanto arrojo, para aventurarse a un mejor vivir, abandonando a su esposa e hijos, trayendo como consecuencia muchas veces la infidelidad del hombre y hasta la mujer. Desatándose una serie de eventos que destruyen el matrimonio sufriendo así los hijos, cargando esos traumas hasta cuando son adultos y sigue así la cadena. Causando un desconcierto en las sociedades que muchos por el pesar y la pena se suicidan porque la carga es mucha, aumentando el dolor aún más, en sus familiares.

No deseo mencionar la frontera que hoy es más letal que el mismo muro. De acuerdo a la Fundación Americana del Inmigrante, Tucson Arizona, se ha convertido en un cementerio de ilegales dado el caso de tantas muertes. Desde 1995, a lo largo de la Frontera de 3,200 kilómetros, la frontera ha sido militarizada, pero no han detenido el flujo de inmigrantes. Cada minuto un indocumentado cruza la frontera o viola su visa para quedarse en los EEUU, medio millón se añade a los 12 millones cada año. No deberíamos analizar a éstos que cruzando la frontera han muerto como una cifra, sino como seres humanos que sufrieron las consecuencias de intentar zafarse de la injusticia en lo cual sufrían.

De aquellos que no se suicidan quedan atropellados emocionalmente ante el fracaso, necesitan de ayuda sicológica, siquiátrica y otros de agencias para erradicar el alcohol, puesto que se dedican a embriagarse y otros al consumo de drogas. ¿Cómo puede un país progresar? Acaso no miran estas causas que originan efectos devastadores en una sociedad disfuncional y enferma. No ha sido la causa, la pobre situación creada en su país por los gobernantes que fueron presa fácil del gobierno americano y su agenda.

No están aquí porque quieren, sino porque han sido obligados. Las condiciones infrahumanas en que viven, los empuja a buscar mejor bienestar pensando en el futuro.

Estos hermanos son los que cosechan lo que comemos diariamente, los que construyen las casas que vivimos, que pagan impuestos, que generan empleos, que hacen trabajos que nadie quiere, que mantienen el control de la inflación y reemplazarían a los retirados americanos en sus trabajos ayudando a este país. ¿Cuándo veremos a gobernantes que promuevan y contribuyan a la implementación de políticas que mejoren el bienestar de los Latinoamericanos pobres, a los activos productivos, al capital, educación y sobre todo la capacitación que permite que se haga el "Sueño Americano", una realidad y no una pesadilla?. No sólo por caridad, sino por "amor", así un nuevo sector de la población que antes vivía en las sombras de la economía, se integre a los flujos de la producción y el capital haciendo una distribución equitativa y mancomunada.

Lo mejor de los Estados Unidos son las oportunidades, lo peor la: discriminación y el racismo.

Prueba de todo esto es el trato que se le da a los inmigrantes de parte de los patronos, no creo que los inmigrantes estén dispuestos al maltrato, sino patronos dispuestos a aplicarlos. ¿Por qué no se crean leyes que tiendan a proteger a los trabajadores, sin importar su origen o procedencia?

Esta opresión sólo trae a mí, el recuerdo de la Libreta del Mayoral. Donde los trabajadores obtenían los alimentos de primera necesidad a crédito y al final de la jornada su salario era secuestrado. Quedó bien representado con Rubén Blades y Willie Colón, en su canción "Platación Adentro". La libreta, hoy se ha transformado en el siglo 21, en el crédito que los bancos dan a los trabajadores para comprar casas, autos y pagar la educación de sus hijos. El crédito debe ser un derecho civil, no un privilegio.

La actitud anti-inmigrante que se ha desarrollado después del 11 de Septiembre 2001, permite el maltrato para estos trabajadores. Como el caso en el parque McArthur, en los Angeles, fueron atacados con rifles, macanas y tubos metálicos policíacos. No tomaron en cuenta mujeres, hombres, ancianos a todos trataron por igual. Con patadas, puños y empujones.

Pero lo triste de todo esto, según los policías, fueron atacados por pandilleros. ¿Por qué no arrestaron a esos pandilleros? Se imaginan el trauma emocional creado a los niños debido al arresto de sus familiares. ¿Qué cosas pasaron por su mente? ¿Qué opinión pueden tener estos niños de los policías?

Un buen ejemplo es el de Elvira Arellano y su hijo, tuvo que recurrir a papeles falsos para tratar de buscar una mejor vida. ¿Qué culpa tiene Arellano, si las instituciones gubernamentales como el FBI, CIA y ICE, sólo demuestran la incapacidad de esos supuestos genios del espionaje en poder de contrarrestar a los "intelectuales delincuentes" que le proveyeron esa documentación falsa? Hablen ahora.

Señores estos abusos, arrestos, atropellos dan hondo en el alma de la gente creando resentimientos, traumas, odios y luego los dejan manifestarse. Son seres humanos y es conducta mal aprendida, pero sobre todo, mal ejemplo. Luego se preguntan, ¿De dónde vienen estas acciones y manifestaciones de aversión hacia la gente? Tuvimos malos maestros. Debo aclarar que de cualquier "maya sale un ratón" y hay siempre gente educada e instruida como la gobernadora de Arizona, Janet Napolitano, que retó la ley que había creado una milicia civil para vigilar la frontera.

También hay quienes como el aguacil de Panamá City, en la Florida, Frank Mckeithen, han creado la Fuerza de Tareas para Extranjeros Ilegales, o sea, los patrulleros se posan donde haya gente pidiendo trabajo y los persiguen.

De esta forma los intimidan y logran

su propósito: la mudanza. Como las aparaciones de grupos blancos supremacistas en Morristown, Nueva Jersey, me refiero a KKK y los Stormfront. El respaldo de estos grupos a la (287), una ordenanza que permita a los policías actuar como agentes de inmigración. Ya sabemos el historial del KKK.

¿Cuándo será que este país entienda que estos habitantes forasteros, son la base de producción, pero también los más vulnerables?

Muchos celebran el 4 de julio, todos los años por su tradición pero se olvidan que se independizaron de la Corona Inglesa. Entonces, mi pregunta es, ¿De dónde eran estos inmigrantes? ¡Hmmm!

Según reportes de la agencia de deportación ICE, el año pasado se deportaron 195,000 o más de estos ilegales, pero por la frontera entraron medio millón. La pregunta que procede es, ¿De qué valen las redadas? No han obtenido su finalidad.

De ese medio millón que entraron a los EEUU, el 40% lo hizo a través del mar y los aeropuertos. Voy más lejos, de seguir el crecimiento de la población al nivel de hoy, 40% de los próximos 100 millones de personas en este país vendrán del exterior (Congresional Budget Office).

De acuerdo al presidente de la Reserva Federal, Ben Bernanke, hay un aumento de personal que se retira, será necesario aumentar el número de inmigrantes, para contrarrestar los efectos negativos de la economía. Se calcula que el CBO necesitarían, 3.5 millones de inmigrantes al año para enfrentar el envejecimiento de la fuerza laboral, mucho más del medio millón que llegan al año. ¿Se dan cuenta ahora de la necesidad de estos humildes trabajadores?

De acuerdo a la organización filantrópica "The Pen Charitable Trusts" un inmigrante en el 1940, ganaba más de un 6% de los inmigrantes de ahora en el 2000. Para el 1960 los inmigrantes constituían la mitad de todos los recién llegados, pero ahora constituyen tres cuartas partes de los recién llegados. Es por tal razón que es ahora necesaria la reforma migratoria. La falta de dicha reforma prolongaría un Sistema, que se aprovecha y se beneficia de la mano de obra inmigrante, pero los castiga, si se atreven a llenar esas vacantes aquí.

El mismo sistema de gobierno americano con sus empresas, compañías e incluso sus propias leyes, se presta e invita a toda esta gamma de violaciones, al fraude de los papeles muy a pesar de sacar provecho y beneficio económico. Voy a demostrar lo que digo con una prueba clara; La Casa Blanca, ha calculado que de aprobarse una ley inmigratoria, el gobierno obtendría una ganancia neta de más de 25,000 millones en diez años. En otras palabras, las contribuciones de los inmigrantes legalizados, más los impuestos, cargos y vueltas será mayor, que los gastos de trámites. Demostrando todo esto que le conviene dicha reforma al gobierno americano en términos económicos, ya que es un negocio. Probado está..... Quizás utilicen ese dinero para financiar los gastos de la Guerra y otros intereses del gobierno. Como también es un negocio las remesas. En el 2007, los países latinoamericanos recibieron 72,000 millones de dólares de acuerdo al fondo multilateral de Inversiones del Banco Interamericano de Desarrollo. Esto puede tener repercusiones sociales y económicas en un país. En Vicente Noble, Barahona, se construyeron casas aprovechando el "Boom" de la construcción generado por las remesas. Nuevamente le conviene este negocio al gobierno americano. Estas remesas representan el 25% del Producto Interior Bruto (PIB) en Centroamérica. Hace 20 años, costaba 30.00 dólares enviar 300.00 dólares a México, ahora cuesta 10.00. Las remesas son una de las muy pocas herramientas que tienen los inmigrantes, para demostrar su poder y todo esto es negocio para los Estados Unidos. Pregúntale a Western Union. Ahora resulta que (TIGRA), ha puesto en jaque a Western Union por sus tarifas abusivas y el boicot ha comenzado en los Estados Unidos. Ha tenido que devolver el dinero de dichos abusos. Ya veremos.

Por otro lado el Departamento

de Seguridad Interna, ha enviado cerca de 140 mil cartas a empleadores notificándoles de la discrepancia entre el nombre y el Seguro Social, de algunos trabajadores. Esto obligaría a despedir a los empleados de no aclararse la situación. Pero esto sólo amenaza los empleados de los ciudadanos americanos que están legalmente. ¿Por qué? Hay errores genuinos en los records y bancos de datos del seguro social. Entonces, ¿Qué haremos con los residentes legales? La medida sobre discrepancias es una de entre 26 regulaciones de combate a la inmigración luego de que fracasara la Reforma Migratoria en el Senado.

Del mismo modo han pretendido los candidatos republicanos y demócratas en la presidencia que se construya el Muro. Todos excepto Bill Richardson, no estuvo de acuerdo con el Muro. Richardson, añadió que "si construyen un muro de 12 pies, los indocumentados harán una escalera de 13 pies. Tuvo más sentido que todos.

Algo parecido ha ocurrido con Guliani, ahora dice que quiere una tarjeta universal de identificación para los visitantes extranjeros.

Pero en un discurso en el 1996 en Harvard Kennedy, su postura era otra y cito, "Nunca podremos controlar totalmente la inmigración" Si alguien controlara totalmente la inmigración destruiría la economía".

Fue más lejos aún, en el programa de

Terri Russet, ya muerto, llamado "Meet the Press" en Febrero del 2000, dijo: "No existe un alcalde, ni funcionario público que sea más pro inmigrante que yo". Ja, ja.

Por último, cuando apoyó a McCain/Kennedy en el 2006, dijo "Debe existir una manera de darles la ciudadanía a estos inmigrantes" Buenoooooo…. ¿En qué quedamos? Oh, te peinas o te haces rolos. ¿Qué tipo de confianza puede generar un político así? Dice hoy una cosa y mañana otra. Años de trabajo de los indocumentados que sufren sólo miseria, constituyen una deuda moral-espiritual ante la Ley Divina. Esto ya es metafísica, no voy a entrar en esto.

Por otro lado, el gobierno defendió

una audiencia del Congreso para aumentar la tarifa entre 80 y 90 dólares al renovar la "tarjeta verde" de aquellos sin fecha de vencimiento. Otro negocio más, utilizan a los inmigrantes con permanencia para sacar dinero y financiar la guerra.

El profesor de ciencias políticas de la Universidad del Estado de Nueva York, Peter D. Salins, calcula que el dinero que supuestamente debería ser devuelto a los inmigrantes que usan Seguro Social falso, equivale a 586 mil millones. Este dinero es equivalente a los gastados en la guerra, de acuerdo al National Priorities Project. La parte "ilegal" de la inmigración es necesaria, debido a que nuestros Indocumentados no tienen derecho al reclamo de dinero. Pero ante los ojos de la gente son los pillos y tiranos de la película, así para no sentirnos mal al quitarles el dinero, que cobran con los supuestos medicaid y medicare. Pero pregunto, ¿Dónde reside la ilegalidad en los indocumentados o en el gobierno que decide cómo se utilizan estos fondos?

Todo lo paga el obrero trabajador, estamos hablando de cerca de 750,000 extranjeros. ¿Cuándo acabará este abuso? ¿Hasta cuándo Padre Mío, Creador? Hasta que la conciencia de los hombres equipare o iguale, el grado necesario de progreso en sus almas, para entenderlo y eliminar este problema. Hay que tenerlo como grado aprendido y luego comprendido. Entonces, se erradicará. Ni hablar de las redadas a los indocumentados en Nassau, Long Island, siguiendo el ejemplo de el "Sheriff" de Arizona, están en marcha las tácticas sucias del ICE. Alegan que están buscando pandilleros y les abren las puertas y son arrestados todos, papeles al día o no, para adentro.

Hasta el comisionado de la policía, Lawrence W. Malvey, dijo que fue traicionado y sus agentes no ayudarán mas a ICE. En adición, el ejecutivo del Condado Thomas Suozzi, le envió una carta al Secretario del Departamento de Seguridad Interna, Michael Chertoff, detallando los abusos y la poca confianza que le van a tener los ciudadanos. Le cuestionó el profesionalismo de dichos agentes y sus tácticas.

No entiendo como en los Estados Unidos, la madre de las "libertades" y "derechos" no celebren el día del trabajo el primero (1) de Mayo, siendo ésta una celebración internacional. El feriado fue establecido hace más de 100 años.

Aparentemente, las luchas de los inmigrantes y las movilizaciones por doquier, que hoy se registran, señalan a que con la ayuda de dichos inmigrantes se convierta en los Estados Unidos, el día del Trabajador Inmigrante. Han tenido que ocurrir unos cambios directos, para que se reavive dicho día. Muy a pesar de todo sabemos cuál ha sido la causa de su inmigración: El Trabajo.

Porque de existir trabajo, no hubieran tenido dicha necesidad, pero los norteamericanos en Washington, no han podido descifrar tan sencillo axioma. ¡Analfabetas!

Para el año de 1892, los neoyorquinos dejaron en Union Square, su reconocimiento nacional. A través de la protesta de dicho trabajadores en el 1894 en Illinois, donde luego de reprimirlos y golpearlos el presidente Grover Cleveland finalmente lo firmó como feriado.

El fuego de 1911, donde 146 mujeres perdieron la vida, en una fábrica llamada "Shirt-waist" en Nueva York, los supuestos "Sweat Shops" que permanecen escondidos y los abusos salariales, han hecho que esto, genere unas protecciones laborales y la gran celebración de tan magno día.

Aún existen algunas trabas que eliminar, porque ese derecho del trabajador que una vez fue consagrado en la "Declaración Universal de Derechos Humanos" ante los ojos de un grupo de supuestos políticos economistas, no tiene valor alguno. Del neoliberalismo ni hablar, estos pigmeos, creen que el capital de una país está basado en la sobre-explotación de los trabajadores. Esto se manifiesta claro, han eliminado personal activo, para añadirle más trabajo, a los pocos que dejaron trabajando o sea, la mano de obra es la variable.

Por último las políticas nacionales estadounidenses, con todos sus artículos, leyes, incisos, establecidas en los países latino-americanos, han obligado a esos ciudadanos a emigrar en pos de una mejor vida. De manera que podamos percibir el total desmantelamiento del "estado benefactor", que ha sido la causa de una mayor igualdad entre los seres humanos.

Casi setenta años a las enmiendas laborables, decisiones judiciales, y las compañas transcurridas valoradas en cientos de millones, con el fin de tronchar los sindicatos han tratado de quitarle a los trabajadores su derecho constitucional, a formar parte de un sindicato que los represente. Por otro lado, a diario se ven estos abusos contra los trabajadores inmigrantes y constantes atropello sin reconocer sus méritos.

No hace mucho que los latinos junto con los afro-americanos y asiáticos, tuvieron que protestar para conseguir trabajos como policías, bomberos y trabajadores de sanidad, dominados estos trabajos por mucho tiempo por grupos étnicos europeos.

A pesar de tener altos niveles de empleos, los hispanos tienen los salarios más bajos, a pesar de trabajar largas horas diarias.

Pero la Cámara de Representantes en el mes de Marzo, aprobó el Empleo Free Choice Act, éste le devolvería a los trabajadores la libertad de crear y unirse a los sindicatos.

¿Entienden la necesidad de unirse? Porque representa la fuerza dinámica del hombre. ¿Qué dicen de la visa agrícola H-2A? La cual otorga a inmigrantes trabajar en fincas por períodos de tres a seis meses. Otro truco disimulado del gobierno americano. El trabajador inmigrante es una necesidad imperiosa en este país. Más de 37,000 visas fueron emitidas el año pasado mayormente a mexicanos

Los norteamericanos hacen lo necesario por su economía, incluyendo cambiar de recursos para sustentar la dependencia que tienen de otros países. El ejemplo claro es el petróleo, han tenido que recurrir al etanol para ayudar al gran maquinaje de su economía.

Por tal razón Castro, les instruyó que el uso de la caña de azúcar, disminuye la calidad de vida de los trabajadores, sólo por sostener el modelo consumista capitalista generado por la explotación del petróleo. Aaah, El Comandante.

La Mujer

Este próximo año 2010, se cumplirían 100 años desde que se creara en una conferencia mundial, el 8 de marzo de 1910, el Día International de la Mujer. A pesar de su creación, la lucha de las mujeres por crear un mundo de igualdades se aleja más.

Hoy la humanidad se enfrasca en una lucha de destrucción global con las guerras y donde la madre, la hermana, esposa y la hija ven como se exterminan lo que tanto sacrificio le ha costado: sus hijos.

Que me dicen del maltrato y la humillación que día a día pasan a manos de sus compañeros, jefes y coyotes. Digamos por mencionar un ejemplo las madres inmigrantes, éstas experimentan violaciones en la frontera, en la yolas y luego que llegan a sus destinos son víctimas del acoso sexual y prostitución forzada. Pero lo peor es que no pueden hablar nada, ni quejarse a las autoridades y si se quejan, serán deportadas.

Estos abusos se ven en los restaurantes, factorías y casas domésticas donde trabajan como amas de casa.

Estas grandes mujeres suelen trabajar largas horas por bajos sueldos y sin los beneficios más básicos, como días de enfermedad, seguro médico y ninguna protección contra la discriminación y sin derecho a un sindicato que las proteja. Muchas trabajan doble jornada y luego al llegar a sus casas tienen que cocinar, lavar, planchar, repostera, sicóloga, recepcionista, sus hijos y ya entrada la noche luego de 16 horas de trabajo atender a sus compañeros en la cama.

Por todo este cúmulo de tarea, la mujer no tiene tiempo de estudiar, leer, ni poder superarse intelectualmente ni económicamente, no porque no haya la inteligencia y el deseo, sino, porque su materia o cuerpo ya no puede más responder a la carga, que se le ha impuesto salvajemente. Es por todo esto, que la labor que hace la mujer es crucial. Vienen con el mismo propósito que los hombres: trabajar, claro está, a todo esto se le añade el apoyar a sus familias en el mal llamado extranjero, país de origen, a través, de las remesas. De manera que lo poco que gana, muchas veces, por debajo del salario mínimo tiene que compartirlo en el hogar y luego con sus familiares en su país. ¿Qué le sobra? Y todavía de esto hace de tripas, corazón. ¿Por qué? Porque es una contable y economista innata. ¿Puede contradecirme alguien? Que trato, mujer, tantos siglos de oprobio, esclavitud e ignominia contra tu persona y tú no te has rebelado. Tu sencillez, humildad y amor no te lo permiten. Me siento abochornado ante tanta grandiosidad, me siento ser nada y mis ojos llenos de lágrimas del dolor más recóndito de mi alma expresan mi vergüenza ante la falta de reconocimiento a tu generosidad... ¡Cuánto sacrificio pasa desapercibido! En este Día International de la Mujer, El Día de las Madres y sobre todo el día del trabajador, tu mujer, deberías ser exaltada y reconocida como lo que eres: El Arca de la Creación.

Por eso cuando se escribió la ley laboral de este país estadounidense, los trabajadores de casa fueron excluidos, negándole el derecho a un sindicato para negociar un contrato más justo y digno. Debo recordarles que ya suman más de 200,000 entre inmigrantes y de color que trabajan en los hogares como amas de casa.

Por eso, en una encuesta que se hizo por Salary.com en Massachusets, demostró hasta qué punto, están mal pagadas las amas de casa. El sondeo demostró que las mujeres hacen 10 trabajos diferentes al mismo tiempo. Todo esto representa un salario de 134,000 dólares anuales, o sea, cerca de 92 horas semanales, desglosadas así, 40 horas regulares y 52 horas extras.

También se menciona que sólo duermen 6.5 horas diarias, me parece mucho trabajo para poco sueño, ¿no? Así se va destruyendo a la mujer moral y físicamente, viéndose ésta, avejentada y enfermiza, por el cansancio excesivo que deprime a cualquier ser. ¿Puede estar saludable? Ni hablar, si no hay salud, la salud familiar se perjudica, pues todos saben el cuidado tan especial que ofrece la madre. Se llegó a esta conclusión gracias a la cooperación de 40,000 mujeres que llenaron la encuesta en la red informática.

De la mujer, la hermana, hija y madre, ¿puede haber futuro en una madre donde la familia depende de ella?

Del aborto, ya ni se puede hablar ¿Por qué? La incidencia de abortos no se reduce criminalizando la actividad, sino educando a la población. Es que han tomado el efecto por la causa, la educación debería ser la finalidad en las naciones y el efecto aborto desaparecerá. ¿Por qué? Porque el aborto es hijo de la causa religión, que siempre ha intentado contra la Ley de Amor y Procreación, impuesta por la naturaleza y así perpetuar la especie humana. Pero más adelante lo demostraré clara y lógicamente con lujos de detalles en otro capítulo. Por ahora me limito a decir que sin la mujer, no habría vida en El Universo.

El Amor la causa de la Unión de los Seres

Desde que las religiones y en especial la Católica, tomó las riendas de la Educación de los pueblos, los cánones fueron y son una mordaza a la libertad del espíritu. Las leyes y artículos escritos por éstos son y han sido un escándalo en las costumbres sociales, los crímenes, suicidios, la trampa, la infidelidad, el robo, el engaño y el desconcierto en la sociedad.

El cortarle la libertad de elegir a cualquier ser humano y en especial a la mujer es volverla una esclava y matar en su corazón los más profundos sentimientos. Por eso esa ley no puede ser moral, y sólo produce lo contrario del efecto deseado o lo que es igual, lo que esas inmorales leyes persiguen. Al corazón no se le domina por imposición, sino por amor, por eso aquella mujer sufrirá enormemente al troncharle el deseo de amar y no dejarla seleccionar a su afín.

Tampoco olvidemos la imposición de los padres, tratando siempre de buscar el bien material del compañero. Esta mujer será una enferma del alma y hará a su compañero un desgraciado y vivirán en la unión de los cuerpos pero, no el del corazón y mucho menos en el espíritu. ¿Por qué? No hay afinidad ni amor.

Su compañero se hastía de la frialdad de su mujer, y ella piensa en el hombre que llena de felicidad su corazón, así llega la infidelidad de una parte o de ambas.

¿Es responsable esta mujer? No. Pero si las leyes deprimentes, abusivas y retrógradas en primer lugar y en segundo los padres, porque no saben que el corazón no se llena de bienes materiales, sino de sentimientos puros. Así vemos al hombre desgraciado en muchos casos comprando el amor en estos prostíbulos para satisfacer el deseo de amar, haciendo inmoral a otra mujer, no menos que la mujer que dejo en su casa y estas uniones clandestinas en sí, son las verdaderas uniones por afinidad. ¿Por qué?

El hombre habrá de escoger a su gusto aquella, que más esté de acuerdo a la imagen de la mujer ideal suya. ¿Hasta cuándo seguirá el engaño mutuo? Hasta que uno de ellos ceda, y busque su afín.

La unión de aquel hombre con la mujer del prostíbulo o cualquiera otra, será por afinidad, pero la hipócrita sociedad la criticará, poniendo así una presión que en los muchos casos terminará en un infanticidio o un aborto, quedando aquel hijo sin nombre paterno o tirado al abandono para luego en el mañana ser la vergüenza de aquella mujer y su padre, el hijo será llamado bastardo, como premio al amor que se dieron dos seres al fundir sus cuerpos por afinidad. ¿Qué dirá la mal educada sociedad? ¿Qué remedio dará a esta mujer y su hijo? Se ven impotentes las leyes de la sociedad para resolver este dilema ¿Por qué? No son leyes constituidas a base de principios morales espirituales, no conocen las leyes divinas, ni mucho menos sus artículos que forman la Justicia Rigurosa.

Es muy cierto que estos casos dieron como resultado las casas de maternidad, que no son casas de amor, ni mucho menos de caridad, sino de baldón, porque habrían de interrogar a la madre sobre la fuente de origen de su hijo. Se preguntarán si fue producto de la pasión de un sólo hombre o si ejercía comercio con su cuerpo. ¿Quiénes son estos hermanos, que critican, juzgan y tratan de entrar en el secreto del corazón de nadie? ¿Acaso no es la caridad la encubridora de la maldad? Es que la caridad cristiana es el invento de la patraña Cristo para perdonar, la dadiva de Uno, y usurpación de mil, para tratar de curar, luego de haber recibido una puñalada y decir lo siento.

También veremos cómo se le exige a la institutriz o aya que cuida 4 ó 5 niños, mal pagada y desnutrida y muy cansada. A todo esto a ese niño se le privará de las caricias del regazo materno, para luego crecer y ser en el mañana los criminales que llenarán las cárceles, luego de haber sido la ignominia y la vergüenza de la sociedad en la calle. Comentarán aquellos que no saben, ese es el hijo de Fulana, así denigrarán más aquella pobre mujer que todo dio en su amor a su afín. Estos seres humanos míos salen de esas casas de maternidad dolidos y prejuiciados por los que le enseñaron y en muchas ocasiones los disciplinaron mal y fueron maltratados con el látigo y el desprecio y recuerdan eso produciéndose en ellos la idea del crimen indefenso de su cuerpo y su ya avergonzada vida, porque el alma esta pervertida. ¿Dónde están los sabios que hicieron las leyes sociales? Desmiéntanme, ¿no es cierto que le aumentaron el dolor y lo volvieron rebelde? Ese es el pago a su mala educación y sus prejuicios que le inculcaron. Esto traerá como consecuencia un enfermo emocional, porque no hubo cariño y su rebeldía saldrá a la luz cometiendo muchos actos delictivos y la cárcel será su paradero.

Este joven que pudo ser un doctor, abogado, ingeniero, de haber tenido la oportunidad de estudiar y educarse en los más profundos sentimientos y ser un hombre noble ahora es un criminal, que aumentará más su dolor y será un parásito para la sociedad que paga los impuestos.

Allí, donde pudo haber habido un ciudadano íntegro y cabal hay un enfermo, loco, criminal, víctima de la mala educación social. Pobres niños que han pasado por sus tribulaciones y vicisitudes, producto de los errores, prejuicios sociales, la mala educación y la falta de amor. Lo peor será que luego cumplida su sentencia será eternamente castigado al no poder encontrar un trabajo justo para sobrevivir, terminando siendo un esclavo del Estado y del Sistema. Si logra casarse, su compañera y sus hijos serán víctimas de aquel maltrato que se le infundió a él y así sigue la cadena de maltrato con sus hijos y nietos, sólo el sistema se alimentará más al recomendarlo a un sicólogo que hará su "agosto" cobrándole a sus anchas por el tratamiento, no pudiendo en muchos casos pagarlo, negándole su cura para que se integre a la sociedad y producir como ciudadano consciente.

Por otro lado, si califica para ayuda, esta caerá sobre los hombros de aquellos que trabajan creándose así otra injusticia, de personas ajenas a dicho caso tengan que pagar, haciendo el caso más grande y complicado. Que hablen los sicólogos. ¿Qué dirán? Cierro este capítulo diciendo que todos tenemos el deber moral de ilustrar y ayudar a esas víctimas del sistema social, producto de la errada educación, administrada por las religiones.

Efectos en la Mujer Unida sin Amor

A la mujer falsamente educada en las leyes egoístas, prejuiciosas religiosas y de sociedad, sólo puede violar las Leyes Divinas, de la Creación y Procreación, obligándola a suicidarse moralmente siempre y materialmente no pocas veces y en ocasiones cometen crimen.

En muchas ocasiones la Ley de Afinidad, que une a los seres, al encontrar resistencia en dicho cumplimiento, pide a la Ley de Justicia, ayuda, obligando a los seres al cumplimiento del deber.

Es aquí donde se convierte en un autómata, entregando su cuerpo al hombre por disciplina, pero no le entrega su corazón por si la desnaturaliza, y mata así sus más bellas aspiraciones. Por tal razón muchas veces se ve en el rostro y su cuerpo el disgusto, dolor y en ocasiones ponerse famélica, perdiendo la vida que hay en ella, convirtiéndola en un ser infeliz y amargado.

Por eso existen esos mal llamados "escándalos sociales" entre la dama de alta alcurnia y el obrero humilde o el artesano. ¿Escándalo de qué? Justicia diría yo. Se deben ese amor mutuo. El escándalo esta en las leyes injustas que hicieron los hombres, para proteger a los hombres. Esas leyes son el absurdo material, porque a la Justicia Divina y Rigurosa, nadie puede burlarla y por eso se impone.

No importa cuánto traten de separar la joven, buscará la manera y medios para seguir viéndose con su amado. Podrán desvelarla, calumniarla, no importa, no podrán callar la potente voz de la afinidad y se unirán viviendo en amor. Eso es justicia, valor y virtud que hablen los hombres y sus códigos machistas.

Para tomar y robar el amor de la mujer de acuerdo a los dogmas y falsas leyes, violando así esos principios. Pero, ¿por qué? Se impone la Ley de Procreación cuando la Justicia acciona. Entonces, ¿por qué hacen actos a escondidas y emplean medios criminales para burlar a la Naturaleza? ¿Acaso fueron creados distintos los ricos de los pobres? ¿Tienen diferentes derechos o prerrogativas? No. La ley es una para todos.

Ahora, si fuera hacer la mujer igual justicia criminal que el hombre, pobre de ella. La calumniarán, será la vergüenza de la sociedad y muy a pesar de ella cumplir justicia con su afín la verán despreciable y será castigada dos veces, una por cumplir la Justicia Divina, viéndose ella como la ramera y dos por el constante desprecio en la sociedad. De modo que el hombre es dueño de la vida de su compañera, que termina siendo una autónoma esclava de las leyes egoístas e ignorantes.

Por eso los célibes religiosos valiéndose de la química, con sus anticonceptivos han hecho escándalo en muchas ocasiones en las iglesias con las hermanitas, pero se impone la luz y terminan concibiendo, aunque luego destruyan el feto, o lo sacrificará al nacer o tendrá como paradero las casas de maternidad que ya mencioné, que son todas un baldón para la humanidad.

Pero aquí hay responsabilidad y tres víctimas, el infante, que puede correr la suerte que mencioné anteriormente, el amante, que se ve obligado a tomar por Justicia lo que en la ley le pertenece y finalmente la mujer, a quien se le llamará adultera, infiel y falsa y nada de esos errantes de la Justicia Divina, pero si ante leyes absurdas e ignorantes que las aves de rapiña inventaron.

Los Prostíbulos

Entre las consecuencias funestas del matrimonio sin amor, está las de muchas mujeres que compartieron el lecho con el esposo, hastiado de la frialdad natural de la esposa y el curandero forzoso del esposo será el prostíbulo, sirviendo de escarnio a la dignidad de la mujer. Esta no ha sido la misión de la mujer, pero las leyes opresoras le coartaron de raíz unos fines más altos.

Pero desafortunadamente el prejuicio que existe entre los hombres, no puede dejarlo salir a la luz, comprendiendo que puede ser el feliz con otra mujer y ella con otro hombre. Entonces, ¿por qué le exige el hombre tanto honor a la mujer? Sí, el mismo hombre no sabe dónde radica la verdadera virginidad. Una sutil membrana que la sociedad circuncide a un tejido que se puede perder por muchas razones, entre ellas, el ejercicio gimnástico, la bicicleta y haber nacido sin él. La verdadera virginidad radica en el corazón de la mujer, porque se entrega por entera sintiendo amor puro y sincero.

¿Más con qué derecho puede pedir el estuprador de una joven, hija del pueblo, sin importar clase alguna y que el aspira a conseguir su amor, el matrimonio y le guarde esa flor, si él no respeta la flor de la otra?

En cambio, si la sacó del prostíbulo, la ama, la educa y le da amor, previniendo que siquiera esa vida falsa e inmoral, se ha hecho el mismo justicia y ante la Ley ganó el amor sincero de esa mujer. Más si así no lo hicieras y eres causa del malestar que sufre esa mujer hoy, tú pasarás por lo mismo.

Cuando corrompes a la joven o burlas a la esposa, reclamas para tu pretendida y para tu esposa la misma Ley.

Otro punto que quiero mencionar es acerca del violador. Aquel que viola a una mujer y no tenga afinidad con ella o está unido a otra mujer, la justicia le impone y le obliga a no abandonarla y debe cuidar por el infante y su madre, si no lo hiciera así, puesto que bebió del néctar de los labios de la mujer, no puede ser abandonada, porque su paradero será el prostíbulo, o irá vendiendo su cuerpo al público para tratar de mantener a su hijo, y si esto pasara, el único responsable será el que la violó, puesto que despertó los instintos naturales del sexo en la mujer y la ley de la carne reclama sus derechos.

Por último, el abandono de la mujer por el estuprador o violador trae como consecuencia los prostíbulos, los hospitales, los manicomios y por fin la cárceles, estas últimas en arranque de celos y en justicia por la venganza al violador de parte de la mujer. Termino diciendo que ese violador trate de ayudar a redimir a cuantas pueda, así se hará justicia el mismo y saldará su deuda a la Justicia Divina.

La Mujer cumple un deber de Justicia

Existen tres tipos de mujeres hoy día en la sociedad, una cumple su deber y las otras son víctimas de los hombres y la última es la victimaria.

La primera es una mujer desenvuelta, inteligente de buen corazón, no es pana de nadie, es jovial, higiénica, amorosa y cree en la procreación y la familia.

La segunda mujer de la vida pública y del prostíbulo es una autómata sin consciencia, recelos, uraña, no le importa nada, es tratada como una esclava y sufre calladamente. ¿Por qué? Porque lleva en su corazón la desesperación de la vida, si es fecundada, aborta, se enferman, enloquecen y el hospital o el manicomio es su paradero.

Si acaso intentara acusar a su amante o ama de casa que la explota ante un juez. ¡Pobre de ella! La tendría por loca y así dirán "Pobre diabla tratando de acusar a una familia tan noble y honorable. Existen estos casos por miles en nuestra sociedad. Preguntarán, ¿Cuál es la causa? La educación falsa de las religiones y sus leyes prejuiciadas en contra del amor, pero las Leyes Divinas castigarán con la misma pena.

Debo añadir, que este tipo de mujer se avergüenza cuando va por la calle al ver al hombre que la utilizó, saciando su instinto carnal de su compañera. Ésta o ellas deberían agarrarse del brazo opuesto al que está su compañera, porque tienen el mismo derecho que la otra, puesto que ha sido su mujer también.

Entonces, veríamos como el juez se arreglaría para sentenciar en Ley de Justicia. ¿A cuál le daría la razón? ¿Quién sería la más prejuiciada? Les digo que haría más escándalo el Juez, al tratar de desenvolver "clavo" o "tabla", porque habría más personas envueltas aún. Sigamos.

La tercera mujer, la viciosa viene para castigo de los hombres. Ésta es desvergonzada, astuta, sus actos son premeditados, deshonrada, no le importa los líos, derrocha las fortunas de sus víctimas, goza la ruina de admiradores y ¡ay! de la esposa si se apareciera a reclamarle algo. Puede que vuelva a su casa sin cabellos, dientes y con unos cuantos hematomas en su cuerpo. No traten de manera alguna de enjuiciarla, se sabe todos los trucos de la Ley Social.

Debo añadir, que éstas se dejan fecundar el uno por mil, si acaso, a no ser que haya una trampa o trama detrás, que está bien pensado y calculado para atrapar a un "palomo" y hacer de él un payaso. Esta mujer no conoce la tristeza, el dolor ajeno y ni siquiera la compañía, nacieron para el jolgorio, la diversión y el lujo y el despilfarro, es su locura. Asumen todas las primas del vicio refinado, sufren de una perspicacia gigantesca, es así que el detective "Sherlock Holmes" es un niño de cuna al lado de ellas. Esa es la misión, derrotero o camino de estas mujeres que cumplen justicia con ese arsenal de crímenes, sujeto todo a una maldad, refinada, calculada y con conocimiento de causa.

¿Cuáles serán sus víctimas? Aquellas que antes fueron victimarias. Solo diré, que esa mujer que se tiene en lo más bajo de la escala social, está más cerca del Creador, porque emula a éste con la procreación, por tanto, posee más Luz, Sabiduría y Amor.

¿Puede haber dolor más grande que ofrecerle a un hombre, a quien no se ama su cuerpo? Gracias al Padre por la mujer, sin ella la especie humana no existirá, habría más locos, mas criminales y anormales. Por eso, el atraso de la humanidad terrestre, necesita de estas mártires como ejemplo de Amor. No oigo hablar a los sicólogos, filósofos y educadores de los pueblos. ¿Qué dirán? Nada...

Las casas de comercio y de traición siguen con la misma tradición y vagabunderías. Si pudiéramos estudiar a escondidas, veríamos las miserias que reciben esas jóvenes por entregar sus cuerpos. La patrona recibe la mayor cantidad de dinero es la que menos trabajo hace. En muchas ocasiones la traición del esposo, a la esposa y viceversa, que éste, estaría trabajando duro en su taller, escritorio, o la tierra que cultiva, dejando allí el producto de su trabajo en sudor, para que ésta, sea producto de su deshonor.

También llegan allí carruajes y se bajan niñas ya empezando a desarrollarse para ofrecer su cuerpo donde el ave de rapiña, hace de su lascivia y pasión lo que desea. Allí la joven entre la codicia de su violador, dejaría la inocencia de su alma y ésta se anestesiará al sentimiento.

El tal llamado negocio tendrá un nombre ficticio o sea un frente y se crea el arte de la maestra, que es el de corromper por unas monedas y allí, se combina la vista de la dignidad de la joven niña y su futuro: el prostíbulo. Aquellas niñas dirán que su madre está enferma y la necesidad las obligó, otras, que es el patrón de su poder y tienen miedo al maltrato, abuso y luego al despido, sino cumplen con su recado y se rinden.

Entremos y veamos los mil cuentos de dolor que expresan esas mujeres, una maldiciendo a los padres y otras abriendo, llenan el vacío tan grande que sienten por el esposo, quejándose de su frialdad. Otras maldiciendo el supuesto brillo del oro y la riqueza y así todos caen presa de la mujer del prostíbulo y de sus fehacientes clientes. ¿Qué se puede añadir de estas casas de traición? Diré que son la vergüenza de los gobiernos, que son sus acusadores ante la conciencia pública, que las patentes que pagan son el sello, de que los gobiernos son los verdaderos lobos de carne humana, que fueron hechas para cubrir la miseria del cual la humanidad ha sufrido y está sujeta, por los falsas leyes de la educación y que paga el mismo pueblo, para que al final lo deshonren.

Llega a mi mente por intuición en estos momentos que escribo y probaré que la religiones todas y en especial la Católica, son responsables del mal mundial. Lo voy a probar. A María de Jericó, madre de Jesús, la misma religión Católica, la deshonra. La acusan de haber tenido un hijo ilegitimo con el Espíritu Santo, no por obra de varón, o sea es adúltera y luego que la han deshonrado, se la ponen de ejemplo a la humanidad, como que es buena, poderosa y milagrosa. Así mismo el pueblo al pagar por esta falsa fe, paga para que lo engañen y deshonren también. ¡Pobre hermanos míos no pueden ver. ¿Por qué? Por la misma causa, el engaño de las religiones, que arropó la educación de los pueblos, desde el año 325 en el Concilio de Nicea, formándose La Religión Católica, que Juan, vio como la Gran Bestia, El Dragón 666.

Los Conventos son Prostíbulos

Hoy es la opinión pública hablar de conventos y hablar de prostíbulos. Las mujeres que se encierran en los conventos son las contrariadas por amor y las perseguidas por curas, y se les exige renunciar a los padres, hermanos, amigos y toda la libertad y conciencia.

Si se pudiera estudiar y ver los usuarios del Convento, se podría encontrar numerosos esqueletos de tiernos infantes y esas niñas que no entraron como monjas. ¿De dónde salieron? Niéguenlo.

Luego con su caridad lograrán una suma, que se la economizan en el salario de los sirvientes y hasta en la comida, porque los que trabajan deben ayunar para que eliminen las pasiones por el sacrificio. Los sacerdotes comerán por el trabajador esclavo y sus sirvientas, así engordarán por éstos, reavivando pasiones y orgías en nombre de Dios.

Por eso los colegios religiosos son y serán, las agencias de los conventos, primero, y después cuando estén en los conventos los envenenadores de las conciencias de los niñas. ¿Se podría regenerar a la humanidad terrestre con tal educación?

Pero los hombres que hacen leyes, son precisamente efecto de las causas que hay que matar y así, obran como la causa misma. ¡Supremáticos! Civilización que no pueden tener, porque son parias de los destructores de la humanidad y negadores del Dios de Amor.

¿Qué me dirán del Confesonario? Ni hablar, es la mayor cloaca, el caño más pútrido y la desgracia de los matrimonio.

Allí el sacerdote, dirige la vida más íntima de los cónyuges, la pasión en los jóvenes, que aún duerme, el deseo sexual y sembrando la duda en las mentes inocentes. Es allí, donde se descubren los mayores crímenes, secretos y donde el sátiro, goza con mayor refinamiento, porque gozan mentalmente, recreándose de todas las satisfacciones que está privado ya que para el no existe la vida libre y sana. De esta forma se apoderan de los secretos de Estado; así se fraguan las guerras, además, donde se disuelven los lazos de las familias, con el veneno de la intriga, duda, envidia, satisfaciendo a medias, lo que con trabajo no han podido ganarse honradamente estos curas, monjas y sacerdotes. Vampiros del trabajador.

Las Casas de Maternidad y las Comunales

Hoy, estas casas de maternidad como se encuentran más parecen y son baldón, porque son inspiradas en la "caridad cristiana" que la Iglesia invento para matar el Amor.

Todo esto ocasiona en la mujer y la obliga (porque está llena de odio) porque el cura, el patrón o el violador la sedujo y luego la abandonó, a que ella abandone a su hijo en la escalera de un hospital, el cuartel de la policía en el arroyo o río y sino, asesina al pobre infante.

Luego es buscada por la policía para hacer arrestada, haciéndole un retrato y publicándolo para la vergüenza de la Sociedad. ¡Quieren mayor injusticia!

Los responsables son esas casas de vergüenza, porque de no haber preguntado hasta lo mínimo y tratar de averiguar quién es el padre, su trabajo, hijo de quién es y otras historias irrelevantes, no ocasionaría a la madre ese deseo de culpabilidad matando al infante.

¿Cuál es la causa de tantas preguntas? La monja ha sido aleccionada por la patrona de la casa de vergüenza, o por el sacerdote, obispo o cardenal, para que se averigüe quién es el padre. Luego lo visitarán y lo amenazarán, siendo esto una extorción refinada para que deje unos cuantos dólares a cambio de no hablar nada y así quedo todo cubierto y en el olvido. ¿Quién le ha dicho tal cuento?

Sólo la Justicia Divina lo absolverá y dará a cada uno su merecido.

No, hermanos míos esas casas deben de ser casas comunales, no habiendo lugar para monjas, frailes, curas ni nadie que no entienda de la Ley del Amor.

Esas casas deberían ser representadas por las personas más humildes, con hijos y sobre todo, que sean moralistas de primer orden, llenos de virtud y que puedan entender en su corazón que la Ley de la Procreación se impone. ¿Entienden ahora el por qué no pueden haber nada de esos curas y monjas? Estos son célibes y no representan a la Suprema Ley de Amor, porque no cumplen con ella. Es que no pueden entender que los hijos abandonados, como los hijos de los divorciados son hijos comunales. Estos serán los doctores, abogados (que no habrán pleitos en las cortes) primero, porque sólo la Ley del Amor y Justicia reinará y segundo porque habrán de ser verdaderos legisladores de la Ley de procreación por conocimiento solamente. Así la maldad y la supremacía no existirán y se verá la armonía dentro de la igualdad y los hombres la vivirán.

El Amor y la Libertad

A tanta inmundicia registrada en el párrafo anterior sucede la dulzura de las palabras de este capítulo.

Tengo que seguir examinando calamidades y señalarlas en procura de hacer justicia para la mujer.

Hemos recorrido prácticamente la escala social en nuestro doloroso registro de los prostíbulos, casa de maternidad y los efectos de la mujer unida sin amor, sin embargo, tengo que admitir las mismas causas producen los mismos efectos, son estos, la trampa, traición y el libertinaje del hombre.

La mujer no tiene derecho ni asiento en el Congreso, donde se legisla, a elegir su compañero por amor a intervenir en la hacienda pública, pero donde no debió entrar nunca es en la: iglesia. ¿Por qué? Porque sólo la mentira y la anestesia de los sentimientos más puros se pierden allí.

La iglesia no podrá ya educada la humanidad terrestre en el verdadero amor sincero, no podrá aunque quiera, matarte por dentro mujer, ni robarte la misión de ser madre, por tal razón eres más grande que el hombre en la Creación. ¿Habrá acto de comparación de valor ni virtud, en algo tan trascendental donde pende de la vida un hombre? No se puede ir más allá... ¿Y es a éste ser el que el hombre vitupera y esclaviza, siendo su madre? ¿Acaso no son ellas la base de la sabiduría, la armonía y el amor en el hogar? Por tanto la mujer es, en derecho, absolutamente igual al hombre y en respeto ternuras, superior, por el sólo hecho de ser madre.

La mujer no actúa inmoralmente, por sí misma, porque presiente y sabe que su visión es ser madre y no se declara jamás por capricho o pasión carnal, sino obedeciendo a la Ley de Afinidad y Amor. Su valor es inmenso al tomar un segundo de goce a cambio de nueve meses de padecimiento y desangre para dar vida a un ser.

La mujer fuera de la esclavitud es la garantía de la paz mundial y su participación en la vida pública, pone veto al despilfarro y la malversación de fondos.

Ella será la llamada a legislar y la consejera en las escuelas, hospitales y los congresos, ésta, manejará el dinero del Estado, formará parte siempre en las asambleas, trabajos y en las manifestaciones populares de regocijo o de tumultos y discusiones. Que debo añadir aquí, sólo una cosa más.

Preguntarán mis hermanos y si es así todo ese axioma, ¿por qué no ha legislado, entonces la mujer? Por el libertinaje del hombre, porque las leyes que se hicieron fueron por el hombre, para beneficiar y proteger al hombre, no dando cabida a la mujer y así, tener control sobre ella.

La Mujer debe Legislar

La mujer es un arcano impenetrable" dicen los hombre y lo digo yo, la mujer es un libro abierto en el que todo se puede leer. Pero como no son sabios y sólo viven de la carne no pueden leer.

Es cierto que las religiones hicieron castas, razas y clases, dividiendo a la humanidad y muchas veces el mancebo no puede llegar a ella por la oposición de clases; para él es una contradicción para ella la muerte moral. Así será obligada a tomar otro hombre y será el hielo de la noche para ella.

La fisiología de la mujer se cifra en el amor, le gustan las flores, los pájaros, la naturaleza, la música y los niños, porque todo eso representa el progreso y la seducción para el hombre, pero al no darle la libertad para su afín, trata de satisfacer una necesidad que siente, pero que no puede llenar. La moda es un castigo hacia el hombre, por la humillación que ha hecho a la mujer, así la ve y no puede tocarla y en su afán se desvive por poseerla y sufre, se agitan en él, los más puros deseos e instintos de la naturaleza, pero tienen que consolarse y entender por experiencia propia, el sufrimiento que ha causado a la mujer, rebajándola y ahora él se siente rebajado e impotente.

¿Presiente el hombre ahora y lo puede entender la grandeza de la mujer? En muchas ocasiones la mujer presiente que está en brazos de otra mujer su esposo y calla una y cien veces, pero también ella es de carne y sufre; y tras de ser esclava ni siquiera es satisfecha en su ley y aún así debe parir. ¡Hombre es grande la deuda que en Justica Divina debes de pagar por tu ignorancia! No temas que se pierda porque ella tiene dignidad en la libertad, ésta es media humanidad, en número y más de media en sentimientos generosos. Ya es hora de darnos cuenta, que detrás de cada hombre triunfador existe una dama, una mujer, madre, hija, esposa y muchas veces la amante, porque decir mujer, es decir sacrificio. Observemos en los ojos de nuestra compañera, llenos de ternura animándonos en nuestras penas, calmando nuestros dolores físicos y morales, ayudándonos en nuestra trabajo, hasta donde sea posible, la que interrumpe sus sueños para velar por nosotros cuando estamos intranquilos, enfermos, porque la mujer tiene doble fuerza espiritual en su interior, la de ella y la del hombre.

En consecuencia de todos lo antes expuesto, el hombre comete acto criminal, en monopolizar la legislación, abogándose derechos de supremacía, que no existen en la Ley Divina y muchos menos pueden consentirse ya en lo humano. Al prohibirle a la mujer la libertad de escoger, el hombre es un criminal, porque entra en lo que puede llamarse una esclavitud pre-meditada, dando motivos a que ella se entregue a otro, al no recibir el amor de su compañero ante tanta frialdad y hastío, viendo cómo llega muchas veces el esposo a largas horas de la noche y que ella sabe que hay otra. Pareciera que se hace un tremendo crimen al cumplir con la Ley más sublime de la creación: La Procreación.

Termino diciendo, que si el mundo pudiera ser incompleto, se podría suprimir al hombre, a la mujer nunca.

Ha sido tanto el abuso y la criminalización contra la mujer que todavía hay sitios donde existe la mutilación genital femenina. Es cierto, que ha descendido en los últimos años pero existe entre 120 – 140 millones de niñas y mujeres que son sometidas a esta práctica infame.

La Organización Mundial de la Salud (OMG) y el Fondo de Naciones por la Infancia (UNICEF), lo ha señalado. Tres millones de niñas cada año corren peligro a ser sometidas a esta práctica.

La OMS ha demostrado y documentado esta práctica en 28 países África, Asia y Oriente Medio, esto envuelve el "Tip 1", que consiste en la extirpación del clítoris y hasta la "infibulación" que envuelve la escisión de los labios mayores y menores y el estrechamiento de la vagina.

Según los datos de esta agencia, entre 91.5 millones de niñas y mujeres en el África, viven actualmente las consecuencias de esta horripilante práctica. La ONU considera una violación a los derechos humanos tal hecho. Los países donde se manifiesta más estas manifestaciones son: Somalia, con un 97.9%, Egipto, 95.8% y Sierra Leona, con un 94% respectivamente. El resto de los casos de esos 120 – 140 millones se manifiestan en la India, Indonesia, Irak, Israel y Malasia.

¿Qué debo añadir aquí? Es claro el desconocimiento de la fisiología de la mujer, lo que representa en la sociedad y la alta incidencia de criminalidad en estos actos.

Pero hay responsabilidad en los gobiernos, los representantes y legisladores de estos países. ¿Por qué? Porque son culpables de permitir tales actos y crímenes contra el Arca de la Creación: La Mujer.

Debieron las leyes hechas por los hombres ser más sensibles, llenas de compasión y amor, pero como fueron hechas por los hombres, defienden a los hombres.

No sólo es una práctica anti-moral, sino que representa un atraso al sentimiento y dolor que ha de pasar una mujer (madre) al dar a luz una criatura, manifestándose por unos segundos todas las leyes de la Creación, en ese acto tan sublime. Que hablen los hombres, aquellos que han visto sus compañeras esposas en el alumbramiento, ¿Cuántos han llorado?

Las tradiciones, costumbres y la idiosincracia de los países puedo entenderla el abuso y la criminalización: No.

¿Hasta cuándo Padre, tendremos que permitir dicho salvajismo? No entiende el hombre que el pago a la Creación, se ha consumido con anterioridad en el placer y gozo del sexo. ¡Pobre Mujer! Entiendo tu calvario, dolor y pena, eres víctima de la ignorancia, y leyes absurdas de la sociedad que manifiestan un credo religioso secular.

Origen De Las Guerras

Me concentro profundamente en el archivo de mi alma para buscar la causa de las guerras, y sólo oigo una voz fúnebre, desangrada, exánime que grita muy fría: Las Religiones.

Así es, las guerras nacieron con la primera religión que el hombre inventó sobre la Tierra, pero no acaecieron hasta que se inició de manera el sacerdocio.

Existen dos poderes en la Tierra, el sacerdocio encargado de las sabias escrituras de los profetas y mesías y el guerrero, el defensor y protector de su familia y trabajo. Pero el sacerdote nunca se doblega y le molestaba vivir en igualdad, no teniendo el control para manipular y controlar a su antojo por su supremacía.

El sacerdote comenzó por mixtificar, adulterar y a tergiversar las leyes dadas en el Veda, por los grandes maestros que han abogado siempre por la paz, la justicia y el amor en el Oriente. Esto lo hizo para mantener la casta sacerdotal, haciendo leyes cada vez más astutas y así abrogarse derechos sobre el guerrero, pero calmando al guerrero con ciertas prerrogativas. Tal vez hizo esto por temor pero con un propósito detrás de esas prerrogativas.

Luego con ayuda y consejos del Sacerdocio, inventaron las leyes de la casta guerrera, que eran jueces del pueblo en la aplicación de éstas, haciendo cada vez más leyes a tono con el pueblo. Estas leyes dominaban a la clase de trabajadores y comerciantes. Pero el sacerdocio quería el poder, la dominación que lo encubriera para imponerse y castigar al pueblo, por cualquier falta de respeto o diferente opinión y que en la realidad no constituía un delito, ni mucho menos lo merecía y así comenzaba el odio entre el obrero productor y el guerrero, guiado de la mano sacerdotal, creando división y las clases. Ahora quedaban instituidos el sacerdocio y el ejército, al cual más parásito y el hombre comenzó a sufrir por el trabajo forzoso y rudo que le proporcionaba más odio.

Entonces, comenzó el sacerdote a ejercer su plan, le enseñaba que el Dios de su vecino era peor y más malo que el suyo y le prometía mentidas recompensas, el guerrero también le inculcaba la misma doctrina del sacerdote, ya eran dos sugestionándolo y le prometía conquista a favor de su Dios verdadero y esto estaba en la Ley, el conquistar el territorio de su vecino ajeno y terminaban los hombres en la guerra y matándose. ¿Cuál era el beneficio de esta Guerra? Ninguno. Porque el trabajador que había ido a la guerra perecía y los que sobrevivían se morían de hambre, porque todo se lo repartían el sacerdote y el guerrero.

Pero existe algo mas, aquellos obreros que perecieron eran brazos para el trabajo, que no están, aumentando la miseria en el pueblo. Ahora el sacerdote entendido con el guerrero hacían de un territorio conquistado su propiedad y unidos levantaron un rey que velará por los intereses de éstos, concediéndole investidura y dignidad sacerdotal, pero siempre bajo la astucia del sacerdote y culpando al guerrero de la sangre de aquellos muertos para no mancharse.

El fin que ha perseguido toda religión es el de predominio sobre los hombres, incluyendo los monarcas. Recordemos que la religión y el Estado, estuvieron por muchos siglos unidos y la historia lo muestra claro. Sigamos.

Como los Estados, los pueblos y las tribus, veían que a menudo tenían que defenderse de la provocación de otros pueblos en su deseo de conquista, se vieron forzados a tomar las armas, de lo que nacieron los ejércitos y ya quedaba el sentimiento de lucha, la contienda y el enfrentamiento, perdiéndose vidas y brazos jóvenes para la producción. Hasta que la "guerra no mate a la guerra" no habrá paz verdadera.

Se pueden dar cuenta que siempre llaman al ejército y a la Guardia Nacional, para castigar al pueblo que trabaja, el que mantiene a esos ejércitos y el obrero trabajando no puede comer suficiente, porque el gobierno todo lo acapara, para pagarle a los asesinos del pueblo y a la religión, madre de todas las guerras y criminal porque roba al humilde obrero el derecho a la libertad, que ha sentido dolor y vergüenza de ser ignorante y sabe la religión, que de la educación del pueblo, morirá la patraña iglesia y su falso Dios.

Por las continuadas guerras, promovidas siempre por la religiones, nació la idea de odio al otro lado de la frontera, también la nacionalidad y de ésta, el fanatismo de patria, no mejor que el fanatismo religioso, y allá iban los hombres a enfrentarse a la guerra, y aquel que perdía la batalla guardaba siempre en su corazón la venganza y su odio crecía cada vez más.

Pero la Justicia Divina saca bien del mal y los hombres en esas guerras no desean participar y siente el deseo de la migración, con ésta, llega el respeto hacia el otro país, se casan y se han hermanado los pueblos no deseando más el antagonismo, ni el odio. ¡Santa Necesidad!; que hizo al hombre progresar. Estos hombres conocían por las experiencias vividas la causa del mal que originó tal desequilibrio y serán ellos los que erradicarán esos prejuicios que ahogan a la humanidad. Conocen el mal religioso, militar y finalmente se darán cuenta del Estado, que con sus leyes opresoras e ignorantes son el origen del flagelo que mengua los sentimientos, retrasando la unión entre las naciones. Ésta trinidad perecerá pronto, porque no tiene razón de existir más en la Tierra, porque es ya de luz, paz y amor.

Del dinero que se invierte en barcos, misiles y armamentos o sea el presupuesto militar y en adición, el mantenimiento religioso, nace necesariamente la miseria de los países porque además de la ambición, el poder y la avaricia el orgullo los lleva al despilfarro y a la malversación de fondos, no habiendo dinero extra para la educación, salud y el bienestar emocional, espiritual y físico del hombre.

No habiendo hombres encargados para labrar la tierra la agricultura mengua, lo víveres escasean y a todo esto no se fomenta el cultivo, aquellos labradores se les hostiga con los aranceles, impuestos onerosos y por último, contribuciones carente de toda lógica, no importándole que el productor se muera de hambre y si se rebela ya tienen armas para reprimirlo, estas armas de antemano, han sido pagadas por los mismos a quienes con ellas se asesinan, son estos asesinos, los hijos del agricultor, el maestro y aquel humilde obrero, aquellos que se les educó por sus padres, para convertirlos en asesinos, verdugos y criminales de su propia familia. ¡Oh! Justicia deja caer el peso de la Ley sobre aquellos que entorpecen la labor sagrada de la fraternidad y la mancomunión de los hombres. ¡Haz Justicia ahora! Para que el pueblo oprimido, no estalle el depósito de ira que ha acumulado en su pecho. Aconseja a mis hermanos, contenlos, abrígalos con los lazos del amor, la sabiduría y la paz, porque están a punto de rebelarse y tomar lo que en Justicia le pertenece.

Así no es aceptable tampoco de parte del Vaticano, cuando el Papa o los papas, que predican la paz y bendicen la guerra, apoyan a los gobiernos beligerantes. Por tal razón, "La iglesia Católica, no está habilitada para hacerle la paz a los beligerantes, porque ella sola es la causa de la Guerra".

Está expuesto, léase mi libro "Compendio Metafísico," capítulo III, página 152, " Las Religiones " y su origen. Tampoco se debe pasar por alto la historia de la humanidad desde los tiempos antiguos, la liberación de Barrabás por Jesús, Las

Cruzadas, La Inquisición, Las 8 Guerras de Religión en Francia y el Juramento de los Caballeros de Colón. Ahí tienen la historia fúnebre y nefasta de las religiones.

Todo acto o prevención del libre cambio comercial, intelectual y moral de un país se considera un hecho criminal. Por tanto, la guerra es un asesinato premeditado y es criminal aquel que apoya tal decisión y atropello, sea juez, abogado, militar, maestro e incluyendo a cualquier institución gubernamental local o extranjera, de lo que son responsables los gobiernos y tribunales de justicia, civil y criminal. No es aceptable de parte de ninguna institución que educa al hombre, el justificar una guerra para exterminio de la humanidad. Ha sido tanto el daño religioso en todas las ramas y ámbitos del saber, que no sólo se ha visto afectado el obrero, sino los hombres de ciencia también. Al obrero lo oprimen y si se rebela le harán para complacerlo a regañadientes, un artículo y se le concede lo que desea temporalmente, para al momento hacer otro artículo o ley que anule o derribe el anterior concedido.

Para el hombre de ciencia que ha sido maniatado, que vive muriendo, porque está entre dos jaguas, la clase media y la plutocracia y por ende vive aislado, y el aislamiento es vivir muriendo, luego de dar de sus conocimientos y su entrega incondicional a su país, lo abandonan y si dijera algo lo tratarían como un traidor a la patria, alegando secretos de Estado, eso es enjuiciarlo con su misma ciencia, la que trajo para el bienestar común. ¿De dónde salieron estas ideas tan nocivas? De la religión, que no perdona, porque vive del obrero que todo lo produce sin derecho a nada. Porque son parásitos, vampiros y perezosos y así es su Dios. Han creado las clases y las castas y dentro de esas clases lo que reina es un odio a muerte, una envidia implacable y se hieren unos a otros, aniquilándose entre ellos, teniendo como norma la hipocresía más cobarde e infame, pero están unidos en un sólo propósito, el dominio de la clase trabajadora. Pero resulta que la riqueza o la apariencia de riqueza por el despilfarro, es lo respetado entre esas clases. Lo mismo ocurre en los partidos políticos que con un ideal se forman, si no están con las ideas religiosas son excomulgados aunque sean religiosos, luego el gobierno feudo de los religiosos, los reprime, se alejan porque han sido maltratados y ya se formó el bando religioso-ricos y la alianza liberales–pobres, teniendo dos grupos cuando debió haber existido uno.

Que no ha existido, ni existe sociedad, cierto es; y no podrá existir hasta que se haya eliminado la supremacía religiosa y la plutocracia en los gobiernos. Sabe la religión que dividiendo triunfará, pero no cuenta con la Ley que traen los espíritus que ya pasaron por ese mal antes, ahora ya no tontos, sino iluminados y harán luz en la Tierra y darán luz a sus hermanos para desaparecer todas las religiones.

La ignorancia en los hombres no es porque han querido serlo, sino porque la ignorancia es necesaria para el establecimiento de la supremacía religiosa, para hacer la división de partidos, clases y razas, de ahí hacer las fronteras y divisiones nacionales para luego echar los hombres a las guerras. ¿Es esto sensatez? ¿Hay lógica en esto? Resulta que esto es peor que las fieras, porque las fieras matan para comer, pero el hombre mata y no le deja provecho alguno, lo que es equivalente a decir; que está por debajo de la fiera, en adición de ser un crimen pre-meditado. Porque los hombres en la guerra se rebajan muy por debajo de las fieras o irracionales, siendo estos los provocadores e inicialistas de las guerras de clases, castas y razas.

En las guerras contratan las supuestas naciones civilizadas a hombres muy salvajes, bárbaros o mercenarios de aquellos que quieren dominarse e inclusive los decapitan, con la intención de crear un efecto sicológico al enemigo e intimidarlo, como hicieron los americanos en Irak. Arman a estos mercenarios como guerreros y el mundo sabe que tienen el apoyo de las naciones más progresadas y contrario a civilizar, lo que quieren es exterminar, tomando posesión de cuanto hay en esa nación, lo que es un robo legalizado por la fuerza y consentido por los países envueltos que se reparten el botín, que pronto buscarán un pretexto para hacer lo mismo a otra nación. No, esto no es civilizar, esto es asesinar a la humanidad como premio al crimen, por lo que es más digno aquel que se le llama cafre, al que se llama civilizado.

Existen varias causas del crimen y voy a enumerarlas, pero diré que la número uno y causa de todas las demás son: Las Religiones.

Voy a ser un breve recuento empezando con la católica, la cual quemó hombres en la hoguera, mató, torturó e hizo los escándalos más grandes en la historia, como la Inquisición, sin enumerar las bacanales, orgías y la lujuria de los

Papas. La segunda causa es, el despotismo del gobierno, pero sabemos ya la causa; son feudos de las religiones. La tercera causa son, las leyes sociales injustas que le dan prerrogativas a unos y exaspera a los otros, llegándose a odiarse entre sí, las clases por la educación errada y de la cual formaron las religiones el currículo a estudiarse y los códigos legislativos para el dominio de la humanidad. La cuarta causa de los crímenes, es la ignorancia. Pero preguntamos; ¿Y quién tiene la culpa de la ignorancia más que la sociedad? ¿Quién ha dividido a la sociedad en castas, clases y razas? Las Religiones. La quinta causa del crimen, es la más dolorosa porque arropa el aborto y el infanticidio. Esto ya envuelve cobardía y maldad premeditada a un ser indefenso, encontramos que éstos, se manifiestan más en los prostíbulos e iglesias. Si la mujer después de ser fecundada no fuese abandonada, es seguro que no atentaría contra lo que concibió de la misma forma, si los doctores hubieren entendido el aspecto moral de la vida y fueran sabios en el espíritu, no cometerían los abortos infames que practican destruyendo al feto. Pero como todos estos doctores pagan patente para cometer crímenes están exonerados de sus culpas.

La causa es el celibato de los sacerdotes y éstos pertenecen a la religión. Todavía existe una sexta causa del crimen, la locura o perturbación mental. Pero la locura es un crimen también, porque es provocada por la pobreza, al ver que unos tienen y otros no tienen el derecho de tener, la pasión, el sentirse abandonado o traicionado por un amor y la ignorancia, producto como dije de la educación errada de las religiones, puesto que todo lo que tenían a su alcance y en todo intervenían. También el castigo corporal, un crimen que la sociedad agrega al crimen de lesa humanidad que comete para todos. Son pues, las religiones causa de todo lo anterior expuesto, por tal razón, hay que sepultarlas para siempre de raíz.

Ni aún los mismos pontífices, porque aunque traten de ocultarse van al frente de toda esta infamia, en el consejo y la acción, pero los poderes o el gobierno encargado de las leyes, cargan con la responsabilidad de la organización social y tienen en sus manos toda la sangre de los inocentes, ante el pueblo moral por el desbarajuste, que ocasionan estas leyes impuestas a conveniencia para satisfacer a los sacerdotes y su religión. Pero resulta que es un juego sucio, en el que no pueden acusarse uno al otro porque, están manchados los dos y han delinquido ante la Justicia Rigurosa, sufriendo el pueblo los estragos. Esto es el fruto de la obra de las religiones.

No es fácil ser juez, pero es fácil sentenciar. Los gobiernos que hicieron leyes y artículos en su favor para sembrar la confusión y buscar el descargo de sus culpas tratando de librarse de la responsabilidad, han seguido los códigos impuestos por los pontífices.

La carne tiene su Ley impuesta por el Padre y el oponerse a ella nadie puede pero el prejuicio, el libertinaje y la maldad les aviva para encubrir la mentida virtud. No los acuso del porque los célibes tomen de la Ley de la carne lo que ésta obliga, los acuso de lo que le roban con deshonor, burlando la creencia que infunden.

Es que la humanidad vive, se desarrolla y crece en la violencia y el miedo con falso deshonor. Voy a demostrar como el crimen se apodera del falso amor entre los hombres. El duelo entre dos personas es un crimen premeditado y radica en el odio escondido en los corazones. En el duelo provocado por una ofensa, un deshonor en el cual se pide un perdón o un desagravio de respeto, hay y existen criminales y cómplices, pero cometen el mismo delito los protagonistas y los padrinos o apoyadores, hay culpabilidad en ambos. ¿Por qué haz de premeditar el asesinato, si tu conducta puede ocasionar que otros te pidan a tí la misma reparación? El asesino que justifica su acción, quiere legalizar su crimen por lo que llama él, "reglas de honor".

Ahora se dan cuenta como el odio se abriga en nosotros con la hipocresía del honor. Que hablen los sicólogos, sociólogos y los sabios; ¿Qué dirán? ¿Dónde están los jueces y legisladores? No los oigo hablar.

Lo mismo ocurre con el suicidio, es otro efecto de la misma causa, del odio, el egoísmo, la imposición, pero en general es una pusilanimidad, una cobardía, hacia luchar por el bienestar propio y cae vencido tronchando su existencia, creando el mismo una deuda más grande, porque se suma la falta del cumplimiento del deber o su misión terrenal en la presente existencia, más el haberse quitado la vida. ¿Qué pena correrá este hermano ante la ley espiritual, gobernada por la Justicia Rigurosa? Si fueran sabios, entenderían que lo que sufres hoy en justicia, sabrías, que eso mismo hiciste a los que hoy te martirizan.

Sabemos que es Ley, el corregir a los hombres cuando han delinquido, pero no castigarlos. Las instituciones gubernamentales, los tribunales y las infames leyes del Estado, lejos de redimir exterminan con su pena de muerte, aún cuando no existiera la pena de muerte; y en la Justicia Rigurosa Divina, están prohibidos estos tribunales donde se adormece el sentimiento, se le vuelve más rebelde y se aniquila al delincuente, porque se le inutiliza para redimirse.

Veamos un ejemplo: un padre que ha robado un trozo de pan, porque no se lo dan y sus hijos están hambrientos y se mueren de hambre, a pesar de trabajar todo el día por un mísero salario, a éste se le aplica todo el rigor de la ley, se le acusa de ladrón, se le separa de sus hijos y lo llevan a donde debieran de estar los jueces, legisladores, senadores y sacerdotes que hacen y obedecen las leyes injustas, ilógicas, y opresoras porque el verdadero ladrón es el que come sin producir. ¡Calabozos Inmundos!, que ni las fieras son propias para sobrevivir, sin luz y casi sin aire, infrahumanos, que mata la humanidad del preso, destacándose el maltrato suministrado. Las penas corporales no redimen al delincuente y menos la reclusión y aislamiento de la sociedad. Es cierto que el sistema carcelario ha avanzado dulcificándose un poco, pero debe desaparecer en lo absoluto ya, porque no hay rehabilitación, ni redención sin la creación de una conciencia humana educada.

Se le hace responsable al cuerpo, su materia pero en sí, no puede ser responsable, sólo el espíritu es responsable. Entonces, ¿por qué castigan a la materia o al cuerpo? Por tal razón, se debe corregir y educar el espíritu que anima ese cuerpo, porque no se puede coartar la acción del espíritu inutilizando su cuerpo. Entonces, regeneremos al espíritu y el cuerpo obedecerá la acción, la ejecución y el trabajo productivo será.

La Guerra

Antecedentes

Con la invasión territorial de los rusos en Afganistán, en el 1979 y viendo los americanos sus intereses geoeconómicos en peligro deciden ayudar a los afganos.

Los norteamericanos les proveyeron armas a los llamados afganos mujadines, éstos tenían cerca de 80 grupos y siempre estaban peleando entre sí.

El gobierno de Ronald Reagan, contrató a un francés de nombre Alexander de Marenches, ex jefe del servicio secreto de Francia. Éste, ideó un plan de cómo acabar con los rusos y expulsarlos de Afganistán. Claro está, se necesitaba dinero para tal epopeya, así se asignaron 2 mil millones de dólares. ¿Por qué deciden los norteamericanos dar este paso? Una de las razones es que Samuel Huntington, había escrito que la próxima amenaza o poder en el mundo serían los musulmanes. Su libro "El Choque de las Civilizaciones", es el claro ejemplo de cómo se adueñarían del mundo de los árabes.

En el 1987 la CIA, formó en Pakistán, un centro, una escuela donde planearían todas estas estrategias en contra de los rusos llamada: Operación Ciclón.

Se reunieron jesuitas, egipcios, argentinos, filipinos, e iraquíes y se les llamó "luchadores por la libertad", Se les entrenó en computadoras, satélites y comunicaciones por eso Pakistán, proveía cerca de 200 visas diarias con el fin de reclutar más luchadores.

Luego que los rusos fueron expulsados, los norteamericanos abandonaron tal hazaña. Los llamados Talibanes, se ocuparon de tomar el control de la región. Éstos estaban encargados de velar por los intereses americanos como la Petrolera UNOCAL, que tiene un oleoducto de Afganistán a Pakistán.

Otros de los supuestos "luchadores de la libertad" regresaron a sus países. De aquí nace un hombre que participó en aquella lucha llamado Bin Laden.

Bin Laden, siempre estuvo en la oposición a la Guerra del Golfo, debido a que las bases militares de los americanos estaban muy cerca de la Meca, pero pensaron que los "gringos", no atacarían aquí estas bases por lo cerca al Santuario Árabe.

Éstos se revelaron de nuevo, pero fueron enviados a Bosnia, Kosovo, Chechenia y otros sitios. Pero al regresar nuevamente representaban un peligro y se les dio visas para Europa y los Estados Unidos.

Los Estados Unidos sabían de la amenaza árabe porque para el 2015, habrían cerca de 2 mil millones de árabes, sin trabajo, sin comida y estaban muy heridos con la política de globalización y habría más resistencia, mas luchas y el terrorismo se expandiría. Es por esto que la resistencia árabe está presente debido al vacío que sienten por la llamada globalización y los dictadores impuestos por los Estados Unidos en sus países, que sólo representan sus propios intereses económicos.

Precisamente esta Globalización, le dio a los Estados Unidos, la oportunidad de establecer en 140 países sus bases militares para el dominio por la fuerza y la intimidación. La guerra en Afganistán tiene dos causas: una económica y la otra religión. De aquí surge el grupo Al-Gaeda, y su "Proyecto Boyinka" en el 1995 para atacar las torres.

Se puede decir que la Región del Medio Oriente está desestabilizada, por un lado, los palestinos y los israelitas, por otro la India y Pakistán, por otro Afganistán, Irak e Irán no hay paz en el mundo árabe.

Prueba de esto fue la llamada de la Ministra de Defensa Alliot-Marie, de retirar los 200 efectivos de las fuerzas especiales de Francia. Lo mismo ha hecho Italia, de los 3,200 efectivos que envió a la guerra en Irak, han ido sacando paulatinamente soldados, según dijo el ministro de Defensa Arturo Parissi. Sólo quedan ya cerca de 40 efectivos.

Pero el viejo Bush, estaba en problemas con Saddam. Éste creado, desarrollado y entrenado con armas de índole bacteriológico, químico y nuclear por los americanos estaba a punto de ser eliminado. ¿Por qué armaron a Hussein? Para que atacara en Irán, al Ayatollah Komeini y sus ideales del petróleo.

Luego que Irak, le ganó la guerra a Irán, los americanos utilizaron a Saddam, para sus mejores fines.

Cuando Saddam, se da cuenta que había desestabilizado la región, siguiendo las directrices del gran patrón y verse utilizado decide revelarse. ¡Gran Error! Ahora estaba solo y reconoció que había atacado y herido a sus parientes en raza. Así los Estados Unidos, los invadieron en la primera guerra del Golfo Pérsico, con el viejo Bush a la cabeza.

Bush, luego de la primera guerra fue amenazado de muerte por Saddam, aparentemente el hijo se resintió por esto y fue a terminar con Saddam, entre otras razones.

Lo cierto es que Estados Unidos, estaba buscando un pretexto para invadir a Irak, luego que le falló el primer truco o estrategia.

A esta tarea de averiguar si Saddam, tenía armas de destrucción masivas fue enviado un embajador llamado Joseph Wilson. Éste fue enviado a Uganda, uno de los países de donde se puede extraer material radiactivo, mejor conocido como uranio. Con este uranio al enriquecerse se producen bombas nucleares que puede destruir muchas vidas. Luego de tres meses de estudio y con unos contactos de la CIA,

Wilson, encontró que no existía evidencia de que Uganda, les estuviera proveyendo material radiactivo a Irak. Las conclusiones de Wilson, en un informe a la Casa Blanca, no les gustaron a Bush – hijo, ellos querían una excusa para invadir a Irak, tomar su petróleo y financiar la guerra.

Como consecuencia de este informe negativo, la postura de la Casa Blanca, fue, "chivatear o ratear" a su esposa Valerie Plane, una agente de la CIA. El hacer tal acto constituye una violación criminal a las leyes americanas, puesto que se le está poniendo un precio a su cabeza.

La misma suerte corrió el Dr. David Kellly, aquél que le pasó las primeras a la BBC de Londres, sobre la falsedad y la compra de uranio por Irak, a Nigeria. Se supo que el informe que expuso Bush y luego usado como pretexto por Blair, para invadir a Irak, fue prefabricado. El hombre siniestro detrás de todo esto es la mano derecha de Blair, Alostair Campbell. Todo este destape le costó la vida a Kelly, especialista en armas biológicas. Se aprecia la confabulación de Inglaterra y América, para buscar una razón de invadir y tomar el control del petróleo.

La información salió de la Casa Blanca, pero no se sabía de ¿dónde? Se llegó a pensar que era de la mano derecha de Bush, Karl Rove, luego de Cheney y finalmente de Libby. Lo real es que acusaron a Libby y éste salió culpable. Le impusieron 30 meses de cárcel y Bush lo perdonó. Aquella información llegó a una periodista del New York Times, Judith Miller, hizo un caos. Salió a relucir en todos los periódicos y ella fue sentenciada a 18 meses de cárcel, debido al no revelar el nombre o el origen de tal información. Ahora, mi pregunta es, ¿Dónde está el derecho de los periodistas a no revelar sus fuentes? ¿Quién los protege? ¿Dónde está la libertad de expresión que protege la Constitución Americana?

Como consecuencia de todo este entrampamiento a Valerie Plane, demandó al gobierno de los Estados Unidos. Todavía están peleando sobre este asunto que ha dejado de manifiesto, que verdaderamente no hay libertades. Pero al atacar éstos descabellados, las Torres Gemelas, le dieron la oportunidad de su vida a los Estados Unidos de atacar.

Ellos estaban buscando una razón y la encontraron.

Es muy cierto que sabían de estos ataques pero no hicieron nada, porque estaban primero los intereses económicos que los sociales y así se pegaron o se valieron de este hecho terrible donde cerca de 3,500 personas perdieron la vida, para atacar a Irak. El 6 de Agosto, un mes antes del ataque Bush, fue avisado en su Rancho Texas, que Bin Laden secuestraría aviones. Pero no hicieron caso, tampoco al aviso del agente del FBI en Arizona, de que unos cuantos árabes se habían matriculado en la escuela de aviación y el nombre de Bin Laden, surgió.

Con el mismo pretexto de la lucha anti-terrorista, los Estados Unidos, entraron a Uzbikistán, Kirguistán, Kazakstán, Turmenistán y "anperiguistán" (para que rime) donde se encuentran las reservas más grandes de petróleo y gas del mundo. Sobrepasando a Venezuela y Arabia Saudita juntos. Se acuerdan de la Unión República Soviética Socialista (URSS), todos estos países pertenecían a la Rusia, pero se fragmentaron y están bajo el control de los Bashi – que significa "Papa Protector", en su idioma.

Así quedó todo fraguado para la

guerra y los Estados Unidos, con la mayoría de las Naciones Unidas en contra se fueron a la guerra.

La guerra en Irak, es la segunda parte de una primera en Afganistán.

Según cálculos para reparar Afganistán, se necesitan 20 mil millones para superar la destrucción.

Los Afganos, producen el 25% del Opio del mundo. Los Estados Unidos consumen el 93%. Antes de la guerra en Afganistán, se vendían 1,637 toneladas de Opio. Cuando invadieron subió a 6,435 toneladas, lo que quiere decir más demanda. Por eso quieren a Afganistán, hay 95 millones de barriles de petróleo, 5 trillones de pies cúbicos de gas, el oro y el uranio que poseen para las armas nucleares.

Pero engañaron a los dirigentes de los países, con la mentira de que había armas de destrucción masiva, que sus agentes secretos en Irak, habían encontrado pruebas.

La campaña de difamación se puso en efecto en todo el sentido de la palabra. Se le entregó inclusive el Premio Nobel de Literatura a un tal V.S. Naipaul, hindú donde ataca directamente al islamismo, diciendo que es diabólico. Los miles de libros que se vendieron como parte de la estrategia, para que se viera o hacer creer que toda relación al Islam, estaba condenado.

En adición, es como todos sabemos y

sospechamos, cuando en un país se presenta el terrorismo, el estado se dispara y se rehacen o cancelan todos los derechos de la ley de los seres, sean éstos económicos, sociales o políticos y lo peor es que intimidan al mismo país y le meten miedo, con el fin de lograr sus caprichos.

Fue por esta misma razón que los americanos inventaron la llamada "Ley Patriótica"para detener el terrorismo con sus artículos discriminatorios. Donde se afectarán más los trabajadores inmigrantes y por supuesto las minorías. Luego vino "Terrorism Information and Prevention System, enlistando a todos los empleados con acceso a los hogares. Después "El Homeland Security"con 290 mil empleados. Por último, "Total Awareness Information" que restaura miles de comunicaciones, compras, viajes, identidades, etc, etc.

La realidad es que se le dio desafortunadamente un carnet a los federales, para impulsar su agenda anti-emigrante. En el 9-11 murieron también gente que no eran ciudadanos americanos, pero que estaban trabajando.

Dicho sea de paso sobre la Ley Patriótica, una juez Audrey Collins, le invalidó ciertos artículos por considerarlos imprecisos y violaban el derecho constitucional a la libre asociación. La Orden Ejecutiva, conocida como 13224, tuvo que ser revisada. Bush, quería un cheque al Portador, una carta blanca, para hacer lo que deseaba y pagar el cheque al que quisiera.

Desde que Bush asumió la Presidencia en Enero del 2001, en el país se perdieron 3.2 millones de empleos y en Septiembre, hubo miles de despidos en los sectores de la electrónica y comunicaciones. Pareciera que fueron despedidos y luego re-entrenaron gente con mejores capacidades para sus fines.

El desempleo aumentó y las compañías muchas fueron trasladadas a otros países, donde la mano de obra es más barata, o se esconde detrás del sistema carcelario norteamericano, donde la mano de obra es la más barata del mundo.

Por eso el decir que la guerra aumenta la economía o la desarrolla es solamente media verdad. Porque en realidad facilita y ayuda a las corporaciones o compañías que producen para la guerra. Como Boieng, Pearson, Accentire, Trwy Eclipse entre otros. El presupuesto militar de Estados Unidos, es mayor al de todos los países que forman la Unión Europea en conjunto.

Claro el material bélico tiene que venir de algún lado, esas son las beneficiarias. Ahora, el sector poblacional no recibe ayuda alguna, se cortan las ayudas a los hospitales, el presupuesto en la educación merma, los beneficiarios de desempleo sufren y ni mencionar los derechos o libertades civiles. Reina el caos en general.

Por otro lado los productos que se exportan a los Estados Unidos, sufrirán una merma. Esto es de entenderse, si los soldados van hacia la guerra, no tiene objetivo alguno la importación de productos de nuestros países. La guerra afectará la economía en nuestras naciones, pero en cambio, el petróleo, gas, electricidad y los minerales harán su agosto entre las compañías. Otra cosa que no se verá afectada son las acciones de estas compañías, las inversiones en el extranjero. La bolsa de valores se dispara, la producción hará más gente poner su dinero en esas compañías favorecidas por la guerra.

Es por eso que América Latina, ya está pasada de tiempo que se manifieste una economía rebelde que se concentre, más en los intereses nacionales y desarrolle un mercado interno en cada país y luego el intercambio de productos en toda Latino América. Así veremos temblar al monstruo. Por esto ya la política de aislamiento contra nuestros países no da resultado, porque uno es el enemigo común: Estados Unidos.

Es que a fuerza quieren empujarnos su neoliberalismo, que va de la mano con la famosa, Globalización. La Globalización aumentaría las divisiones de castas y clases sociales y traerá la polarización económica. La verdadera Globalización, no arrasa culturas, entidades étnicas, ni aniquila la idiosincrasia de nuestros países, sino tiende a respetar, preservar y enriquecer el mundo, al incorporar lo mejor de cada nación y así todos disfrutamos.

El asimilismo no tiene paredes, va, atrae y obliga por la fuerza a los hombres. El deseo de dominio del hombre sobre el hombre, los abusos, la discriminación está presente en su falta de conciencia, no sabiendo que sólo una bandera hay, La Universal, bajo un solo mandato "Ama a tu hermano".

El Ataque a las Torres Gemelas

Luego del ataque a las Torres Gemelas, los Estados Unidos decidieron retirarse de la Convención de Viena. ¿Por qué? Porque dicho texto o acuerdo permite la intervención de la Corte Internacional de la Haya, en caso de algún sospechoso encarcelado se le niegue el derecho a ver un diplomático de su país.

Fueron diligentes en hacer esto los norteamericanos y por eso se lo informaron al Secretario General de la ONU, Kofi Annan, el mismo que rompió la unidad del Congreso Africano, llegó a la Secretaría de la ONU gracias al pentágono.

Propuesto en el 1963 por Washington y ratificado en el 1969, bajo el ideal de proteger a sus ciudadanos en el exterior, también fue el primero en invocarlo en el 1979, cuando se desató la crisis de los rehenes en Irán. Hoy se usa cuando los ciudadanos de otros países son condenados a muerte en los Estados Unidos. Entonces, si una vez lo ejerció, ¿Por qué ahora se retira? Está muy claro, los abusos en las diferentes cárceles, como la de Abu Gharib y otras, al violarles los derechos, las torturas sicológicas y físicas que tenían planeado hacer, no podían estar en la CIJ (Corte Internacional de Justicia).

Hacían ya unos cuantos meses que se venían torturando iraquíes. Esto no es sólo una violación a la Convención de Ginebra, sino un abuso hacia un ser humano. Los retratos con cadenas en los cuellos de los iraquíes, el hambre y el despojarlos de sus ropas, sólo con la intención de sacarles información, da vergüenza. La General Javis Karpinski, se ve claramente en los retratos como los trataba como perros, por eso fue sentenciada. Paul Breemer, también lo sabía y supuestamente es el administrador de violaciones a los derechos humanos.

Ya habían pensado que esto le traería problemas y podían ser demandados, resolvieron salirse.

¿Qué me dicen en Guantánamo, Cuba? Lo mismo están haciendo y lo peor es que hablan de Fidel Castro. Recordemos que esta nación es supuestamente, la madre de las libertades…. Ja ,ja, ja, que risa.

Cuando hablamos de infamia y de encubrir la verdad de los norteamericanos dicen siempre presente. En un memo de los ejecutivos de CNN, sus reporteros recibieron órdenes estrictas de no hablar de las muertes de niños, mujeres y ancianos. Como tampoco de presentar la destrucción de hospitales, escuelas y asilo de ancianos, porque esta información, dañaba la imagen y ayudaba a los Talibanes. Según ellos sólo eran entre 25 – 30 muertos civiles nada más.

Pero este memo no es nada comparado con el segundo que llegó, una orden de parte de Bush, en la cual restringe toda información de los presidentes de los Estados Unidos, la cual comenzó en el año

1978 y establece, que luego de 12 años de concluir el mandato presidencial son automáticamente públicos. Así nadie sabrá la verdad y los motivos de esta guerra.

Mientras tanto, una organización llamada "La Red Voltaire", integrada por maestros, profesores, economistas, organizaciones sociales y políticas que presentaron la investigación con sus resultados, la compañía encargada llamada "La Comisión de Control de Operaciones Bursátiles de Chicago", sobre unas compañías que especularon con las acciones de United Airlines, American, Morgan Stanley (Chase), Dean Witter & Com y Merrill Lynch, las acciones cayeron entre el 35 – 40% y las de Royal Dutch y

KLM un 40% unos 4 días antes del atentado. Como si supieran del inminente ataque que se avecinaba. Se estiman que estos "Profetas del futuro", se echaron al bolsillo entre 790 - 800 millones de dólares. Lo extraño fue que nunca se divulgó esta información, porque cuando se aprestaban a dar los nombres de los implicados (compañías) de repente, las investigaciones se detuvieron ¿Qué les parece? Es que el gobierno nunca se fiscaliza a sí mismo.

Del dinero de las ganancias que obtuvieron se depositó en el Deutsdhe Bank, su sucursal en los Estados Unidos, Alex Brown. ¡Que ladrones! Esta misma Red a divulgado que durante los años 1979 – 1989, Bin Laden, era el administrador y tesorero de la CIA en Afganistán. Su compañía Saudi Bin Laden Group (SBG), que también tiene importantes acciones en la General Electric, Nortel Net Works y Schweppes. Se puede deducir esto, que el gobierno americano, luego de tanto tratar de eliminar el lavado de dinero, el narcotráfico y el de las armas, directamente apoya, financió y prestó ayuda a estos "Terroristas". Es que ellos mismos le han enseñado a la gente, como hacer trampa, como violar las leyes reguladoras en el mercado. Esa es la mentalidad del malo, el que no tiene entrañas.

Pero los Bin Laden, mantienen relaciones con los Bush, desde hace 20 años, el padre de Bin, Mohammed, negoció petróleo con Bush padre en los últimos años de los 60. ¡Qué sucieza! ¿Cómo se puede ser tan ruin?

Vayamos más lejos el banco BCCI, el que le lavaba el dinero al Cártel de Medellín, ahora se llama "The Carlyle Group", le administraba las inversiones a Bin Laden Group, y sus representantes eran George Bush (padre) y el ex primer ministro de Inglaterra, John Mayor.

Claro hay otros ejecutivos de Carlyle Group, envueltos en esto, como James Baker, que volaba el avión de Bin Laden, por ratos. ¡Pero qué confabulación señores!

Pero hay más, la Red, también habla del actual George Bush, y su compañía petrolera The Harkem Energy Com., de la cual era, la mano derecha de Bin Laden, Khaled Ben Majhuz, era el principal accionista. Es que todos están embarrados...La Revista "Guardián", habla que durante una recaída de Bin Laden, (ya que sufre de los riñones), estuvo internado en el Hospital Americano de Dubai, en los Emiratos Árabes, dos agentes de la CIA, fueron a visitarlo. ¿Con respecto a qué? ¿Cuál sería el tema? ¿Sería el eminente ataque que se avecinaba?

Pero lo extraño de todo esto es que una guerra iniciada por Osama Bin Laden, cuando derrumbó las Torres Gemelas, y no lo hayan podido capturar, deciden ir tras la otra persona que no tuvo nada que ver con el derrumbe de éstas. ¿Qué clase de sistema judicial hay en los Estados Unidos?

Lo que hace pensar que buscaban algo más...

No estaría demás decir que la CIA, mintió como representante y agencia secreta del gobierno. La información de la agencia fue que Saddam, había construido armas de destrucción masiva, químicas y bacteriológicas. Todo fue una justificación para la guerra. Es por esta farsa que el sentimiento – anti árabe creado por Bush y su gobierno, ha dado la excusa para que los grandes banqueros de Arabia Saudita y Kuwait, retiren de Estados Unidos, un total de 400 mil millones de dólares y los inviertan en bonos, acciones en bancos europeos. En adición, esta guerra reforzará sólo el radicalismo islámico en todo el Medio Oriente, viendo a un sólo enemigo: Los Estados Unidos.

El Comité de Inteligencia del Senado, publicó un informe sobre la falta de la CIA, de conseguir pruebas. Uno que quiso ser más objetivo fue Charlie Allen, el director asistente de la colección del Informe. Éste fue y se entrevistó con los parientes de estos científicos que supuestamente producían las armas. Encontró que esos programas habían sido abandonados años atrás, pero esas declaraciones nunca fueron entregadas a Bush, o sus consejeros. Yo opino que no hubiera hecho mucha diferencia, puesto que ya había tomado una determinación. Prueba fehaciente de esto cuando Wilson, el embajador que fue enviado a Uganda, para averiguar si le estaban vendiendo uranio enriquecido a Irak, para las bombas, este manifestó en su informe que no. Pero aún así Bush insistió.

Como resultado de la falta de encontrar pruebas de las armas de destrucción masiva el director de la CIA el Sr. George Tenet, inesperadamente lo desmintió. Lo que prueba, que todo estuvo planeado y al verse por el Senado, descubierto "chilló gomas" y se fue.

Increíble, ¿Hasta dónde llega la ambición del ser humano por el poder y el reconocimiento?

Por otro lado el hijo de Ronald Reagan, denunció que el presidente Bush, engañó a los estadounidenses para obtener respaldo para la guerra.

También mencionó que su padre Reagan, hubiera tratado la situación diferente. Él hubiera ido detrás de Bin Laden y no destruir una nación como Bush.

En adición, citó que "Cuando escuchas a alguien justificando una guerra, citando al Todopoderoso" te preocupa mucho eso, dijo el hijo de Reagan.

Más aún, Al Gore, desmintió al presidente Bush, diciendo que la Comisión Independiente sobre el 9-11, no encontró relación alguna entre Bin Laden y Saddam Hussein. Lo cierto es, que usan al Creador Universal, al Padre Eterno como quiera llamarle usted, para justificar las guerras en su nombre. ¿Estarán encarnados o vivos algunos de estos hombres de las Cruzadas? Todo lo hacían en nombre de Jesús, y éste no mató ni una mosca. Pobre de mis hermanos.

Esto sólo prueba que la religión y el Estado, fueron en el pasado uno sólo, ahora están separados, pero la mentalidad y la forma de pensar es la misma. ¿Se acuerdan del Feudalismo y la famosa Inquisición? Ésta última, exterminó hombres y los torturó por herejes. Esa era su excusa para matar en la hoguera, la historia del hombre está llena de vergüenza. ¿Qué dirán nuestros nietos cuando lean esto? Seguro se reirán de nosotros.

Otra evidencia que prueba que Bush,

estaba decidido a la invasión, dijo que el terrorismo estaba esparciéndose por todo el Medio Oriente. Claro, no mencionó si era el terrorismo americano o árabe.

No puede ver Bush, que la historia se repite entre sus aliados, ¿recuerdan el año 1989? Cuando Turquía, le cedió la construcción del Ferrocarril Turquía – Bagdad – Basora, a los alemanes, entonces los británicos se pusieron chivos. Porque pensaron que se adueñarían del petróleo de esa zona. En aquel entonces Gran Bretaña, le quitó lo que hoy se llama Kuwait, y lo protegió con un santuario.

En el 1914 tomó a Basora, pero no pudo con Bagdad, la resistencia fue tal, que estuvieron peleando 140 días. En el 1917, tomaron finalmente a Bagdad como los libertadores. Hasta que se formó una rebelión bajo el mando de un chiita, Mirza Muhammed, los suníes se unieron también, en la que costó dos mil vidas. Winston Churchill, dio la orden de bombardear con gas nervioso y mostaza, así se acabó la rebelión.

Churchill, puso al rey Faisal, pero gobernó del 1921 – 1958, hasta que los nacionalistas lo sacaron.

Lo mismo están haciendo los gringos, tratan de poner un Faisal, pero las circunstancias son ahora diferentes. Es que están enfrentando la peor crisis de abastecimiento de "Oro Negro"y "Gas" que enfrenta este país. Quieren el control del petróleo en la zona.

Por otro lado Paul Breamer, anunció que está confiado en los servicios de inteligencia y los informadores iraquíes para detener de antemano los ataques. Pero también añade que las consecuencias, si fracasamos serían terribles para nosotros y el Medio Oriente.

Con lo que no cuenta Breamer, es también que dentro de esos informantes hay unos que juegan el doble papel, prestan inteligencias a ambos lados, emboscando a los soldados americanos. Estos tormentos los están viviendo los soldados, muchos de ellos han muerto de esta forma y sus compañeros. Fue por estos hechos que el ejército requirió especialistas de salud mental, para determinar por qué tantos soldados se estaban suicidando. Entre las causas, depresiones, condiciones deplorables de vida y largas horas de servicio sin descanso.

Mientras todo esto sucede en Irak, acá en los Estados Unidos, Bush prepara otra treta o truco para ganarse las elecciones o mejor dicho robárselas y permanecer en el poder. Según se percibe el Secretario de Seguridad Nacional, Tom Ridge, anunció que Bin Laden, trataría de impedir las elecciones con un ataque terrorista. De ocurrir esto, se suspenderían las elecciones y Bush, seguiría siendo el Presidente. Está todo arreglado ya, si están perdiendo en la votación y se ven amenazados, harán estallar cualquier bomba y dirán que es un acto terrorista, dejando a Bush, como Presidente y si gana no habrá la necesidad Bush, Cheney y el Espionaje Telefónico.

Una jueza federal determinó que es anticonstitucional el programa de interceptar llamadas y mensajes de la ciudadanía sin una orden judicial.

La jueza federal Anna Diggs Taylor, de Detroit, falló en contra del Programa de la Agencia de Seguridad Nacional. La jueza comentó que viola el derecho a la privacidad y la libre expresión.

Fue la Unión Estadounidense de Libertadores Civiles (ACLU), la que presentó la demanda en nombre de periodistas, estudiantes y abogados, que alegan que sus funciones han sido afectadas por tal programa.

La ACLU, consideró que tienen la autoridad pero eso implica revelar secretos de estado.

Otro que está envuelto en lo mismo y está siendo acusado es el vice-presidente Cheney.

Éste manifestó que se podrían hacer cualquier persona sospechosa de estar relacionada con Al Gaeda. Pero los abogados de la misma (NSA), dijeron que había que definir quiénes eran sospechosos y ponerle límite a las llamadas. El General Michael Hayden, director de (NSA), fue el que diseñó y supervisó el programa de espionaje, ahora enfrenta problemas para la confirmación de su nombramiento en el Senado, como Director de la CIA.

Investigan Empresas de Cheney

El representante de John Dingell, próximo presidente del Comité de Energía y Comercio de la Cámara Baja, prometió una serie de investigaciones que podrían provocar un desacuerdo con los republicanos.

Entre las investigaciones que analiza el comité de Dingell, están los gastos de contratistas del gobierno en Irak, incluyendo a la Halliburton Co. Y todos sus servicios que estuvieron bajo la batuta de Dick Cheney. Debo aclarar que esta compañía, la Halliburton, es la misma que está ampliando la cárcel en Guantánamo, a un costo billonario. En adición, Cheney tiene grandes intereses en la Halliburton, desde la guerra en Vietnam, esta compañía tenía contratos con el Pentágono hasta el 2012. ¿Qué les parece?

También era la fuerza de tareas entre las compañías que Cheney supervisaba. Según Dingell, esta fuerza estuvo bien preparada para que sólo participara compañías energéticas petroleras.

Pero no es el primer caso de Cheney ¿Qué me dicen de la Enron? Estaba ligado a Bush y Lawrence, su principal asesor económico también.

Considerado como el robo del Siglo por muchos, en el cual 20 mil empleados perdieron sus trabajos y sus pensiones que habían acumulado por años. No quiero ni pensar, que algunos de estos empleados al perder sus trabajos, tenían deudas de tarjetas de crédito, hipotecas de casas, préstamos de estudio para sus hijos o préstamos de carros. En adición, el fondo de pensiones 401k y otras, trabajaron muchos años para perderlo todo. Esta es la situación de los empleados de la Enron, la compañía energética más grande del Mundo y todo porque se declaró en bancarrota.

Debo aclarar que la bancarrota vino por que las acciones de la Enron, estaban sobre evaluadas y les hicieron creer a sus empleados, la ilusión de que la corporación marchaba bien. Pero la famosa "burbuja" que ocurre cuando las corporaciones inflan o sobre evalúan sus acciones, para así mantener el cuento o la idea que la compañía está generando billones explotó. Pero también presionaron a los empleados, para que compraran acciones a cambio de su fondo de pensiones 401k, a sabiendas de que la compañía se iba a ir a la quiebra un mes después.

Kenneth Lay, salió una semana antes de la quiebra, con 123 millones de dólares en su bolsillo. ¿Cómo hizo esto "Kenny Boy" como le llamaba Bush? Porque el Secretario del Tesoro Alan Greenspan, permitía a las compañías comprar sus propias acciones y venderlas, sin saber cuánto tenían acumulado. Ven ahora que es una combinación de "pitcher" y "catcher", la confabulación estaba arreglada.

Pero otros ejecutivos salieron con cerca de 55 millones en sus bolsillos. ¿Cómo es posible que una compañía tan grande, no haya tenido supervisión federal? Es que todos están envueltos, están cagados... Créanme... Una compañía que el año anterior tenía 77 mil millones de dólares, ¿cómo disolvió tanto dinero?

La confabulación existe, ellos alegan que gastaron 53 millones de dólares en asesoramiento. ¿Pero quién carajo los estaba asesorando, Jesús? ¿De dónde sacan esta cifra?, La Enron, comenzó en Texas, hace 30 años y se dedicaba a la construcción de gaseoductos, luego fue creciendo en el negocio de la energía, hasta que se hizo el monstruo energético de los

Estados Unidos. En el 1998 construyó el oleoducto de Turkmenistán, 3 billones de dólares. Pero el gobierno americano aprobó en su apoyo cerca de 84 contratos. Creó 900 subsidiarias, e inclusive en países donde no se pagan impuestos. Es precisamente aquí, que Kenneth Lay, vio la oportunidad y relacionó que con su poder podía envolverse en la política y así ayudar a los senadores a cambio de favores. ¿Se acuerdan cuando en el año 2001, le dieron dinero a unos cuantos senadores? Entre ellos John McCain, con $9,500 dólares, y debo hacer una explicación que McCain, criticaba mucho a la Enron. ¿Qué me dicen del fiscal de la Nación, John Ashcroft? Recibió 60 mil dólares y eso que es religioso. Parece que se le olvidó uno de los mandamientos, "No Robaras" !Coño que ladronazo! También la que estaba corriendo ahora como presidente Hillary Clinton, recibió 500 dólares pero luego los devolvió. Es que les digo, hermanos están todos sucios.

En la campaña electoral en 1993, Bush recibió cerca de 2 millones de dólares de la Enron, según el Sunday Times.

Así que Bush, Cheney, Hillary, McCain, Ashcraft, Liskey y Phil Grammor, todos están metidos en el "Robo del Siglo".

Aquellos que hemos estudiado un poco sabemos que la idea de distracción existe y por lo general, se crea otro suceso para que la atención pase a otro evento.

Como formar una guerra o una invasión.

Lo cierto es que desde el primer ataque, hasta que se cayó la otra torre, hubo muchas transacciones ilegales por un valor de 100 millones de dólares. Qué me dicen de dos de las compañías de corretaje más grandes aquí en Nueva York, Merril Lynch y Morgan Stanley, que subieron súbitamente. Como también los bonos del tesoro norteamericano, también subieron a 5 millones en los vísperas del ataque. Pareciera que algunas personas tenían acceso a una información que otras no, aprovechándose de esta situación. Pero lo peor es que una comisión llamada a investigar que sucedió, se sorprendió cuando informó, que era imposible encontrar a los culpables de estas transacciones porque habían usado compañías ficticias o fantasmas, pero sabemos la compañía envuelta se llama, Convar; ésta ubicada en Alemania, pero no quisieron usar el Famoso Blue Laser Scanner, que muy fácil diría las direcciones y las compañías envueltas. Así supimos la ¡Gran Mentira!

Pero los jueces son peores, imponiéndoles una pena de 25 años a Lay. Pero, ¿Qué de aquellos que perdieron todo en estas transacciones? ¿Quién le devolverá sus pensiones, acciones, casas, carros que estaban pagando por trabajar? No hay justicia.

Lo correcto sería, mandarlo a la cárcel, hacer que en ley, devuelva todo ese dinero, para la ayuda de los empleados que tanto contribuyeron a la compañía, para asegurar su futuro.

No importa si está en propiedades, efectivo o invertido, se le puede embargar. Porque ese dinero tiene que estar en algún lado...Pero hacen arreglos los ladrones implicados con sus abogados y la corte no consultara a los perjudicados, ni mucho menos dan la oportunidad de expresar el estado en el cual quedarían sus familiares. ¿Cuáles son sus pérdidas? ¿Cómo van a subsistir? ¿Dónde está el reconocimiento y respeto al trabajador? No existe...

Otro caso comentado fue el de un

analista de Merril Lynch, Stanislav Shpigelman y un empleado de Goldman Sachs, Eugene Platkin, son acusados de información privilegiada para obtener 6.7 millones de dólares en transacciones ilegales.

Uno de los trucos era la información que Shpigelman obtenía del departamento de fusiones y adquisiciones de Merril Lynch, que le permitía operar en la compra de acciones antes de que se disparara la cotización. Algo llamado " Inside Trading".

La otra forma era con dos empleados de una imprenta, que le permitía hacer copias de la revista "Business Week", de manera que sabían con antelación y le permitía comprar los valores recomendados en la columna "Inside Wall Street".

El arrestado en todo esto es Juan Rentería, quien trabaja para la imprenta Quad Graphics, acusado de las copias por adelantado.

La investigación del FBI, viene desarrollándose hace 9 meses cuando las acciones de Reebok, hasta poco antes de anunciarse de que Addidas, las iba a comprar, se notó gran operación de compra. La semana después las acciones Reebok, se desvalorizaron en un 30%, lo que dejó un beneficio de 2 millones de dólares.

Así también sucedió en la compra de Gillete, por Proctor & Gamble, y ni mencionar la de World Com., la compañía telefónica que los CEO'S hicieron lo mismo. Hay un patrón repetitivo en el accionar de estas compañías, como si las personas no se dieran cuenta. A eso se deben las famosas marchas, piquetes y manifestaciones ahora en las calles de Nueva York, cargadas del descontento y la apatía, que han hecho que intervenga marrulleramente la policía con el fin de intimidar. Van hacia Wall Street. Las campanas suenan...

El Banco Riggs

Hablando de robos el Washington Post, ha descubierto un escándalo sobre el Banco Riggs. Éste banco que durante 168 años guardó el dinero robado a los más grandes dictadores, también ayudó a el tirano Pinochet, a esconder su dinero. El máximo ejecutivo del banco llamado Jonathan J. Bush, es el tío de George Bush hijo. El presidente del banco es Joe Allbritton, el cual financió los negocios de petróleo del presidente.

El Banco Riggs, es el banco de los presidentes, Ulyses Grant, Douglas Mac Arthur y Dwight Eisenhower y otros 20 más. En el año 2002 unos investigadores del tesoro, asociaron el banco con actos ilegales de los clientes diplomáticos, le revisaron los antecedentes de los miembros. En aquella ocasión fue multado con 25 millones nada más. Pero disfrazaron la transferencia de 50 a 100 millones de Pinochet, que éste tenía en Inglaterra.

Este banco muy hábilmente inventó 2 bancos, 6 sociedades anónimas llamadas Ashburton y Athonys, en las Bahamas y así sacar el dinero sigilosamente. Fue por eso que ocultó todo el dinero de Pinochet, porque provenía de actos de terror, tráfico de drogas, violaciones de derechos, armas y asesinatos en Chile, antes y después de Allende el socialista. En adición, se quedó con el dinero de miles de desaparecidos. El sueldo de Pinochet, nunca justificó su riqueza, fue por eso que el banco usó su apellido de madre Ugarte.

Algunos de los que figuran como clientes en el banco son: Ferdinand Marcos, Alfredo Strossner, Alberto Fujimori, Vladimir Montesinos y la financiación de la (DINA), el instrumento represor del General Manuel Contreras, jefe de la operación Cóndor, con ese dinero asesinaron los cubanos, a Orlando Letelier en el 1976. Además fue varias veces investigado por lavado de dinero con el narcotráfico.

¿Qué es lo raro de todo esto? El Banco Riggs, fue vendido al PNC Financial de Pensilvania. Ahora lo ves, y ahora No. Desapareció todo limpio. Hacen más magia y trucos que <u>Fu Mang Chú</u>.

Por todo esto y la necesidad de dinero de los Estados Unidos, el jefe de los asesores económicos de Bush, Laurence B. Lindsey, presenta un plan para privatizar el seguro social, para forzar a los trabajadores a invertir más en la Bolsa de Valores, que suma casi un trillón.

También es consistente la firma de Bush, con la nueva ley de bancarrota, ésta forzará a la gente de pagar algunas deudas. Pero, ¿Cómo invertirán más los trabajadores con tanto escándalo en la bolsa de valores? Acaso, se olvidaron de World.com, La Enron y otras sociedades que hicieron lo mismo. En el año 2003, hubo 1 millón 45 mil personas en bancarrota, o sea un 19% más. Dejen que la gente se defiendan, sean más justos con mis hermanos. Seamos conscientes, verdaderos hombres de Paz y Justicia. Sigamos.

Las Torturas en Irak

La tortura siempre ha existido como instrumento persuasivo violento, que atañe y va en detrimento de los más fundamentales derechos.

En América Latina, agarra fuerza con el triunfo de Cuba, en su intento por detener el movimiento socialista. De aquí surge la triple A (pero no la Argentina) la Alianza Americana Anticomunista.

Un almirante en la época de la dictadura militar Eladio Moll, manifestó que los Estados Unidos, los entrenó, enseñó y adoctrinó en la tortura. Lo mismo manifestó el hijo de Pinochet, fueron los norteamericanos los que nos enseñaron a los chilenos el arte de torturar.

En adición, nos enseñaron la guerra antisubversiva, y sus métodos.

Pero la tortura nace unos años después de 1960, en la Escuela de las Américas, allí se incorporó como un método de interrogación a los políticos que fueron detenidos. Ahí surge el famoso manual "Lucha contra la subversión", allí se demostraba prácticas y métodos para hacer hablar hasta a "Supermán".

Más de 70 mil militares tomaron el curso y su libro fue instruido en esta escuela, que fue llamada por las instituciones de derechos "La Escuela de la Tortura".

Se crearon instrumentos médicos capaces de mantener vivo y a la misma vez estar bajo los efectos de la tortura, pero cada vez más dolorosos.

Los mejores científicos fueron contratados para tales efectos, estos hombres ganan en los Estados Unidos,300 millones. Claro, en otros países existe también, Israel, Alemania, Francia e Inglaterra, solo por nombrar algunos. Pero Francia e Inglaterra, están al día, el primero lo puso de prueba en Argelia y el segundo, en Irlanda del Norte. Ni mencionar a Israel, que la tortura es legal en ese país.

Muy a pesar que en el 1994, Estados Unidos, ratificó el acuerdo contra la tortura, sigue produciendo los famosos instrumentos de tortura en sus dos categorías, el primero: OA82C, que incluyen esposas, paralizantes, gases y camisas de fuerza. La segunda, OA84C que incluye instrumentos electrónicos muy sofisticados, pero que no se puede divulgar las compañías envueltas. Algunos clientes son: Colombia, Perú, El Salvador, Guatemala y por supuesto Israel.

Actualmente se han incorporado unas drogas que afectan la actividad cerebral, como el famoso cóctel BZ, a base de LSD y otros químicos mezclados, creado por el DR: Sidney Gattlieb, jefe de servicios técnicos de la CIA. Mejor conocido como el "Envenenador de Estados Unidos".

En la Conferencia Internacional sobre Tortura, se probó que de los 185 países que son parte de Naciones Unidas, 132 países emplean la tortura. Lo que prueba dos cosas, una: Las Naciones Unidas, no tiene moral alguna para justificar tal atrocidad, a no ser que esté confabulada con la tortura, (porque lo permite). Dos: estamos más feroces, menos sentimientos nos acompañan y peores que la edad media y su fabulosa Inquisición. ¿Se acuerdan de ella? ¡Qué lástima!

Los Pretextos de Guerra

En Afganistán como en Irak, todos sabemos que el pretexto a estas invasiones fue el oro negro. Primero querían el petróleo de los afganos y como se enfrentaron a un sólido hombre llamado Bin Laden, se fueron con el monstruo que crearon ellos, Saddam. Pero lo cierto es que la historia está llena de excusas para las guerras.

Cuando las árabes saudíes se dieron cuenta de que los americanos querían controlar su petróleo, comenzaron por apoyar económicamente a Bin Laden. Éstos estaban ofendidos por la construcción de una base militar, muy cerca de Meca, el sagrado lugar de Alá, en la tierra.

Se pudo ver que estos disgustos tienen su origen religioso-económico. Los americanos deseaban tener siempre su abastecimiento de petróleo. Debo añadir que del petróleo se sacan muchos derivados, cuando se quema. Los detergentes, cristales, gomas, los gel del pelo, ropa, etc. Claro su economía estaba en peligro. Aquí es donde se juegan la carta y deciden invadir a Irak.

El 51% del consumo diario de petróleo, viene de afuera. De los 540 mil pozos, de cada uno se saca como promedio 11 barriles. En adición, están muy profundos, que no valdría la pena, gastar tanto dinero por tan poco petróleo. Los costos serían muy altos.

Este país necesita casi 17 millones de barriles diarios para mover toda la maquinaria y su estructura química. La reserva americana de petróleo es sólo para 37 días. ¿Entienden ahora la urgencia? ¡Están presos! De ahí que sus grandes "generales" necesitan ésta guerra. General Electric, General Dynamics, General Motors y sus secuaces, Exxon-Mobil, Chevron-Texaco y Shell- British Petroleum.

Estamos ante una pantalla, un frente para ir a una guerra por el petróleo. Como hicieron con los nativos indios americanos, los acusaron de violar 3,500 acuerdos que ellos solos hicieron en México, los culparon de una invasión que insistió y se quedaron con la mitad de su territorio, Baja California,

Texas, etc, etc. ¿Se acuerdan del Álamo? Nuevamente volaron el acorazado Maine, anclado en la Habana, y le echaron la culpa a España. Así se quedaron con Puerto Rico. En el 1915, volaron el Buque, que iba a Inglaterra, para entrar a la Primera Guerra Mundial. En el 1941, el presidente Roosevelt tenía conocimiento de que los japoneses iban a atacar Pearl Harbor, pero no hicieron nada. Por supuesto querían probar la bomba atómica, y en Vietnam en el 1968, el "Incidente Ficticio" del golfo de Tomklin, aceleró la agresión de los Yankis.

La lista de invasiones sigue y sigue en el 1891 Chile y Haití. En el 1898, San Juan, Puerto Rico, Filipinas, Samoa en 1899, Honduras 1903, República Dominicana

1903-04, 1914, 1916-24, Vietnam, en el 1954, 1960-75, El Salvador, México etc, etc. No se llenan, la sed de atropello, sangre y de saqueo es interminable.

Pobres mis hermanos nunca están satisfechos...

Precisamente por estas invasiones, destrucción, saqueos y ataques repentinos, otros países, como es el caso de Irán, han comprado misiles a Rusia.

El ministro de defensa, confirmó que seguirá adelante con su plan de vender armas a Teherán, le guste o no a los Estados Unidos.

No hubo detalle con respeto a los misiles, pero funcionarios del ministerio, dijeron que eran 29 con un precio de 700 millones de dólares.

Según interfaz, el sistema Tor-MI, tiene una capacidad para reconocer 48 blancos y disparar a dos simultáneamente a una altura de 6,000 metros. Pero los Estados Unidos, no están de acuerdo con la venta de armas a Irán, claro los judíos están cerca y podrían ser atacados. Pero los judíos si pueden atacar y destruir las casas de los palestinos, matando a gusto. ¿A qué le temen los norteamericanos? Que historia tan diferente la de los judíos y el Líbano. Cuando le dispararon también con misiles y los "gringos" vieron que los judíos estaban perdiendo, con los misilazos que le enviaban rápido llamó un alto al fuego. Pero los judíos son traicioneros y a las 2:30 AM atacaron, luego de haber empezado la tregua.

¿Serán traicioneros? Si vendieron a Jesús, que se puede esperar. Por eso en la insignia sobre la cruz dice: "Jesús de Nazareth, Rey de los Judíos" o INRI y aún así lo traicionaron, mal agradecidos.

Lo cierto es que los judíos, también han contribuido a la guerra en Irak. Primero pelearon con los palestinos, luego cogieron el Líbano, tienen en mente Siria o Irán. Claro, es con la ayuda de Estados Unidos que cuentan. Ante todo esto Colin Powell, el ex Secretario de Estado, afirmó que su país está perdiendo en el conflicto armado. Según Powell, la guerra en Irak, ha tenido tres etapas, la primera; la marcha a Bagdad la segunda; en la que el desorden cundió por mal manejo y la tercera la destrucción de la mezquita Askari, en Saurara, un santuario de los chíitas, el grupo que forma la mayoría. Desde entonces lo que se manifestó es un principio de guerra civil. Este es el mismo Colin Powell, que encendió la masacre de Mai Lay en Vietnam.

Peter Schoomaker, expresó que habría que enviar más soldados, pero que se necesitaban más recursos. El contingente autorizado, es el número máximo de soldados que se puede enviar para cada una de las diferentes ramas de las fuerzas armadas.

Pero Powell, manifestó que el ejército está casi al borde de la quiebra. No hay suficiente equipo, ni soldados. La victoria está en manos del gobierno árabe y los iraquíes. Es que para tener una guerra, se debe tener una economía estable. La fuerza de los Estados Unidos, no está en el poder económico, sino en el poder militar. Esto es entendible, porque ya no intimida con el dinero, sino con la fuerza.

Peter Pace, el jefe del Estado mayor conjunto de los Estados Unidos, manifestó que el terrorismo nunca será erradicado en su totalidad. Pero que lo que es práctico y posible es el establecimiento de un control sobre la economía y el gobierno Árabe.

En adición, el secretario general y brazo derecho de la comisión trilateral, Richard Hess, reconoció que con la actual política norteamericana "No habrá paz en el medio oriente".

Henry Kissinger, también declaró que los Estados Unidos no podrán ganar esta guerra.

Precisamente por todas las razones mencionadas anteriormente. Irak, se mantendrá anárquico por muchos años con un débil gobierno central (impuesto por los E.E U.U), la sociedad dividida y violencia sectaria. El presidente Bush, en un intento por aparentar que todo estaba bajo control, tuvo que llamar a su padre para que lo aconsejara y crear una estrategia de salida, para redefinir el concepto de victoria.

Aquí es donde entra James Baker III, con su plan y su grupo de estudio (ISG), compuesto por cinco demócratas y cinco republicanos. Éste es el mismo Baker III, que fue el creador del plan de destrucción de Yugoslavia, y su partición en trés. Así quiere aplicar el mismo modelo. Pero las circunstancias no son las mismas en Irak. No hay ningún plan nuevo, más de lo mismo.

Prueba de esto, es la estrategia que han desarrollado los soldados, "Cut an Run" esto crea una imagen de un ejército cobarde en viaje a perder una guerra. ¿Quién iba a imaginar que el "supuesto" ejército más grande y poderoso esté huyendo ahora a un enfrentamiento militar.

Ahora resulta que Tony Blair, anunció en la Cámara de los Comunes, la retirada parcial de tropas del Reino Unido en Irak. El repliegue de un total de 3 mil soldados, mil quinientos regresaron en las próximas semanas y otros mil quinientos en Navidad.

La "Operación Sinbad", pasará a las autoridades iraquíes el control de la seguridad de Basora.

Pero lo más extraño de todo esto es, el anuncio que hizo Bush, luego de saber lo que los británicos tenían planeado. Resulta ahora, después de pedirle al Senado y Cámara, que necesita 21,500 soldados para calmar y hacerle frente a los insurgentes iraquíes, que está considerando también la retirada gradual de las tropas, ¿y ese cambio súbito? ¿Qué lo hizo cambiar de opinión? No habrá contribución alguna de los ingleses para la guerra. ¿Dónde están las fuerzas de la coalición? Se retiró España, los coreanos, los italianos y ahora los ingleses. Lo cierto es que todos estos países se dieron cuenta que ésta guerra, está llena de ambiciones, una ocupación más que una guerra. No han medido consecuencias en su proceder los norteamericanos y ahora no tienen apoyo. ¿Cuánto tiempo soportarán solos? ¿Verá finalmente el público americano que fue una guerra donde fueron detrás de Saddam por el Oro Negro? Algo me dice que el traspaso a los iraquíes será muy lento, no sólo de los ingleses, sino de los norteamericanos también.

Lo que nunca reconocieron los Estados Unidos y sus aliados fue, que por cerca de mil trecientos años, existe una rivalidad sectaria, que no podía eliminarse de la noche a la mañana. Los sunistas, chíitas y kurdos, quieren el control, en su empeño por el control, crearon un caos. Pero los norteamericanos pensaron que Irak, era como quitarle una paleta a un nene chiquito.

También se olvidaron que sólo una mano rígida y fuerte podría mantener el orden en los sectores en Irak.

Al remover a Saddam, sin instalar en su reemplazo otro poder tiránico, había abierto una "Caja de Pandora" y con ella, un antagonismo entre tribus, que nada tenían que ver con la idea del mundo occidental y de la democracia. La ejecución de Saddam Hussein, vino a polarizar más las cosas en contra de los norteamericanos. El fundamentalismo y la búsqueda del paraíso a través de la muerte, no hace sino añadir más sangre, al caos civil existente.

No pudieron amoldar o imponerle el sistema de gobierno americano a los iraquíes. Por eso hay que ser claros y reconocer que los "Gringos" no estaban en guerra contra los iraquíes, sino estaban atrapados en una guerra de sectas y tribus iniciada con la invasión. Que provocaron todo esto, es cierto.

Por tal razón, no existe humillación alguna en aceptar que no es nuestra guerra, porque no la estamos peleando. Sino la aceptamos, sólo conseguiremos el oprobio internacional. Tenemos un deber moral ante la opinión mundial, que es patrimonio de los seres humanos, porque nos atañe, como también es nuestra: La Civilización... Si.

Todavía no he mencionado la carta que le enviaron a Bush, un grupo de ex-diplomáticos y norteamericanos denunciando la política exterior del presidente.

Argumentaron que nunca en toda su historia, Estados Unidos, estaba tan "aislado ni provocó tanto terror y desconfianza", según dijeron 27 altos funcionarios.

Es fácil curar a un ciego que no ve, pero a un ciego que no quiere ver, imposible.

Los 12 Billones

Docenas de millones de dólares, han desaparecido en lo que se creen ha sido despilfarrado. Pero la mal manejación de fondos, no es nuevo en éste país, de grandes libertadores. Lo chocante es que ese dinero era destinado a la reconstrucción de Irak.

La auditoría trimestral de Stuwart Bowen, el inspector general especial declaró, que es un panorama sombrío de despilfarro, fraude y frustración, que le ha costado a los contribuyentes más 300,000 millones de dólares, dejando a la región en el umbral de una guerra civil.

La violencia sectaria de Irak, de acuerdo a Bowen, es el principal desafío, los millones de dólares gastados en afianzar la seguridad casi no ha tenido efecto. Me llega a la mente, el dinero que los americanos le quitaron a Saddam y a su hijo, ¿se acuerdan de aquellos 600 millones que encontraron bien empacados? Se lo confiscaron y no lo utilizaron para nada productivo. Le destruyeron las librerías, las bibliotecas, donde guardaban grandes enseñanzas de sus ancestros, su cultura, su idiosincrasia y tantas otras cosas que atañen a su enriquecimiento cultural. Las crónicas del conocimiento y la historia de lo que fue el imperio Otomano todo se perdió, como también detuvieron a cuatro soldados con 800 mil dólares en los bolsillos, otros con piezas de oro, cuchillos en oro macizo y El

Corán más antiguo del mundo. También se fueron las tablas de arcilla donde estaba la obra sumariana "Gilgamesh" la primera obra mundial escrita hace 4,000 mil años A.C. Tampoco quedó rastro de las "Mil y una Noche" pero si, aparecerá en uno de los museos de los E.E.U.U, como una colección. ¿Cuál es el propósito de esto? El borrar y destruir la: Identidad Histórica Árabe. Entonces se puede concluir, quiénes son los saqueados.

Pero los "Yanquis" todo lo destruyeron. ¿Cuánto valor moral e histórico podría haberse encontrado en esos libros? Pues ahora resulta que los "yanquis" han perdido en Irak, 12 billones de dólares en re-construcción y nada se ha logrado, por las guerras internas sectarias.

Voy a decir un poco más y presten atención, entre todas las pérdidas que han tenido los iraquíes en sus tierras entre objetos, casas, pinturas, educación, hospitales, museos, carros y vidas de niños y ancianos (civiles), suman más de 12 billones, que han perdido los norteamericanos. Pero les diré que al terminar la guerra, todo el total en pérdidas de un lado y de otro, es exactamente en números cuadrados la misma pérdida o cifra. Sé que preguntarán ustedes, ¿Cómo es que lo sabe? Porque en La Justicia Divina, todo es exacto, en números, en cálculos y lo que se debe, se paga. Se acuerdan de la frase de Jesús, "Caerás en el calabozo, y no saldrás de ahí hasta que hayas pagado el último cornado". De ahí lo saqué. Que hablen los sabios ahora.

Como también les diré, que en la primera Guerra Mundial, en el 1914, murieron tantos en ésta guerra, como de Jesús para atrás. Digo, no en números redondos, sino exactos. Es decir que la suma total de todas las guerras antes de Jesús, es la suma igual, a la Primera Guerra Mundial. Ahora digan nadie me dijo eso, no me lo enseñaron. ¿Dónde están los matemáticos?

Sólo diré que el Congreso, no citará ni a Bush, ni a el ex-secretario de Defensa, Donald Rumsfeld, para que expliquen la desaparición de los 12 billones. ¡Ladrones

Coño!

La complicidad que se ha manifestado durante el gobierno de Bush, ha sido tan escandalosa, que ninguno muestra interés alguno de investigarse, eso es penoso. Y así le piden a Dios paz. ¡Hipócritas!

Irak Pide Ayuda a Irán

Los presidentes de Irak e Irán, se reunieron en Teherán, para pedir ayuda a Irán a detener la ola de violencia.

Necesitamos de urgencia la ayuda de Irán para la seguridad y la estabilidad en Irak, dijo el presidente de Talabaní.

En el título anterior hablé sobre el comportamiento del hombre y cómo según sus ideales y conducta trae a sí sus propias consecuencias.

Se acuerdan cuando Estados Unidos arruinó a Irak, y luego usó a Saddam, para que aplastara a Irán. Bueno resulta que Irak, ha pedido ayuda a Irán, luego que atacó a un pueblo hermano. ¿Será truco de los Estados Unidos, para pedir ayuda y detener la gran ola de violencia que se visualizaba como guerra civil? ¡Ahora están pidiendo chocolate los gringos!

Después que desestabilizaron la región, no encuentran como tranquilizarla. Que claro está aquel adagio de que "No es lo mismo llamar al diablo, que verlo venir."No querían peleas y guerras, ya las tienen. Se olvidaron de su propio adagio los "gringos" "watch what you wish for"... "Tenga cuidado con lo que usted desea".

Es por eso que el líder supremo de la República Islámica, Ali Kjameini, afirmó que el primer paso para la ayuda en Irak, es la salida de los ocupantes. También añadió que aquellos que intentan imponer la voluntad de los E.E.U.U con sus políticas no lo lograrán nunca.

Está bien claro y definido el líder tradicionalista en lo que quiere. Pero como no estarlo, en la época de Jimmy Carter, cuando era presidente de los Estados Unidos, los 440 rehenes americanos que fueron atrapados en la revolución del 1979, fueron luego liberados a cambio de 80 millones y armas convencionales. Los rehenes fueron liberados inmediatamente, todo bajo el gobierno de Ronald Reagan. Lo que prueba que la religión y la política en el mundo, son solo dos puntos diferentes con un mismo destino: el dólar. Queda de manifiesto lo que siempre he dicho; que la trilogía más mala en los países o naciones son: La Religión, El Estado (política) y los

Militares, que sólo tienen un fin, el dominio del hombre y la explotación.

Debo aclarar que los Estados Unidos, siempre han dicho que "No negocian con terroristas". ¿Qué rayo fue lo que hicieron?

Tenían que negociar si Irán, es oro molido para los intereses americanos, ¿se olvidaron de su petróleo? Allí está el 65% de las reservas mundiales, segundo en el mundo del gas. En adición, controla el estrecho de Hormuz, un punto, pero muy estratégico y difícil de atacar para llegar a tierra.

De aquí la guerra interna de los reformistas de Mohammed Khatoni, alias el "Gorbachov Moderno" y los tradicionalistas de Ayatallah Ali Komeini. Que los yanquis no midieron esto en Irak, cierto es, tampoco lo medirán en Irán algún día.

Recordamos los años de ayuda económica que los Estados Unidos, le dieron a los mullah, ayattollah y líderes espirituales para que acallaran el país. Pero se olvidaron de los 400 millones de dólares anuales del Departamento de Estado, con un solo fin: No permitir el anti-americalismo. ¿Qué se podría decir del Shah, reza Pahlavi y su dictadura?

Precisamente los Estados Unidos, ahora están pasándole la factura por todos los años de ayuda. Como quien dice "Te ayudamos mucho, ayúdanos ahora a nosotros"; sólo que lo quieren en petróleo y gas. ¡Hmmm!

Hasta cuando seguirá esta sed insaciable de exterminio, el deseo que causa oprobio mundial de la expansión geo-estratégica. ¿Hasta cuándo?

Irak

Para el ejército norteamericano, Irak se parece a Vietnam, las tropas de Estados Unidos funcionan muy bien en guerras convencionales, con enemigos visibles y objetivos militares concretos.

Pero en Vietnam tal como en Irak, el puesto de batalla ha desaparecido. Las casas, montañas y desiertos esconden ahora a rebeldes chiítas, proiraquíes y a terroristas alkaedista.

El National Inteligence Estimate of Terrorism, manifestó que la guerra en Irak, ha generado un profundo resentimiento con los norteamericanos, por su presencia en el mundo musulmán. De esta forma creamos menos seguidores dentro de su

Guerra Santa.

Si se hubiera gastado todo el dinero que se ha empleado para capturar a Bin Laden, el mundo con toda su tecnología estuviera más seguro.

Jacques Chirac, presidente de Francia, predijo que la guerra en Irak, traería como consecuencia unos cuantos Bin Laden. ¡Cuánta razón tenía cuatro años luego!

Pero también la religión y los Estados Unidos se dan la mano. Lo voy a probar.

¿Saben lo que es el Opus Day? Una secta aprobada por el famoso Papa Juan Pablo II, donde se le concede prelatura personal. ¿Qué significa esto? Que el Papa le ha dado libertad para actuar en nombre de la iglesia y sólo entregarle cuentas al Papa. Unos de los miembros relata que sus operaciones, todas son secretas, incluyendo su dinero que está depositado en bancos suizos. Los miembros se dividen en 3 tipos; Los supernumerarios, los que tienen derecho de casarse, los numerarios, el ejército en sí y por último los agregados, o sea los que mantienen y ayudan en la casa. Hay cerca de 150 miembros hoy.

En el 1962 Opus, recibió dinero de la CIA, para poder crear una sociedad agricultora para contrabalancear a los sindicatos y al régimen de Allende. Noruega, se escondió en la nunciatura del Opus, aunque luego lo vendieron a los americanos, cuando lo entregaron. También en Perú, Fujimori y Montesinos, tenían al monseñor Cipriani. Éste es un miembro del Opus. De manera que vuelvo a probar y queda claro, la estrecha relación entre el Estado (mal) y la Iglesia (Religión), comprobando el soborno, la maldad, la falta de bondad hacia los seres cuando se trata de dinero. Podría seguir la lista, en Argentina, el general Juan Carlos Organía, encabezó el golpe de Estado en el 1966, también era miembro del Opus. ¡Más claro no canta un gallo!

Digan ahora que soy anti-religioso, anti-americano, ateo, que no tengo sentimientos, que estoy poseído por Satanás, en fin si fuera así, la culpa la tienen los sacerdotes, curas, obispos, arzobispos, cardenales y papas, por no haber hecho una magnífica labor de convencerme, el señalarme el camino a la luz, la verdad, se olvidaron de éste rebelde, el hombre metafísico que todo lo pesa y analiza.

Pero luego de haber estudiado historia, ¿Cómo podría ser religioso? La Inquisición, Las Cruzadas, Las Guerras Santas y todo en nombre de Jesús, ¿cuántos hombres no mataron en la Santa Alianza? Pintan a Jesús, como el manso cordero, a María, como el ave María y el símbolo del Espíritu Santo, como una paloma. De manera que lo que tienen entre todos ellos es una granja. Pobres hermanos míos ¡Cuánto fanatismo!

Misiles

Blair y Bush han diseñado un plan para el futuro que se parece mucho a la guerra de las galaxias. Tenían mucho objetivo al crear un sistema antimisiles balístico en suelo europeo y británico.

En adición, están pensando instalar en la República Checa y Polonia, otro sistema antimisiles. El propósito es Irán o Corea del Norte. Rusia, no acogió con beneplácito la idea de éstos sistemas, ya que son un gesto hostil y un intento de resucitar la guerra fría.

¿Cuál será el propósito verdadero? Me parece a mí, que no sólo están pensando en Irán, Corea de Norte, sino que tienen en mente la China. Todos sabemos ya del gran crecimiento Chino, que dentro de unos 8 a 10 años será la verdadera potencia mundial. Las inversiones en la bolsa de valores, las propiedades compradas en los Estados Unidos y las exportaciones de artículos a bajo precio.

La aviación Rusa, es capaz de destruir el sistema antimisiles que los Estados Unidos planea instalar. La realidad es que el establecimiento de éstos misiles, le dará a los norteamericanos, la oportunidad de espiar y destruir nuestros misiles señaló Piotr Deinekin, jefe de la Fuerza Aérea.

Ante esta situación, nos veremos forzados a tomar medidas adecuadas no sólo de contención, sino de destrucción activa de las instalaciones. Quieren controlar todo el territorio Federación Rusa; no lo podemos permitir.

Por otro lado los Estados Unidos, están sorprendidos de la reacción Rusa sobre las instalaciones del sistema antimisiles y radares. Obering, el encargado del programa antimisiles manifestó, el sistema no está diseñado contra Rusia, sino contra Corea Del Norte e Irán.

Lo cierto es que Estados Unidos, quita y pone a su antojo. Prueba de todo esto es el acuerdo que firmó con la India, sobre tecnología nuclear y combustible a pesar de no haber permitido inspecciones internacionales. ¿Con qué fuerza de cara, puede pedirle a Irán y Corea del Norte que no desarrollen armas nucleares?

Bush, mencionó que el tratado no se firmó, considerando a la potencia China. Los propósitos fueron dos: Evitar que la India, prolifere material nuclear a otros países árabes e intimidar a la China, con unos cuantos misiles cerca, en caso de un ataque de los chinos. ¿Qué otro objetivo puede tener? Acaso no podría esto desatar una carrera atómica en toda Asia, porque estimularía la proliferación del arsenal nuclear. ¿Tendrán algo que ver los judíos con esto? Claro, si tenemos de nuestra parte a los Indú, no nos atacarán, debido al pacto con los Estados Unidos.

Por otro lado, el dinero que está utilizando en Irak, para la reconstrucción, salen de los Bonos Federales del Tesoro, aquellos que se les vendieron al Asia, a un 65%, con un gran total de 800 mil millones de los cuales China, es dueño de 200 mil millones. ¿Qué les parece?China, ha ido en crecimiento uniformemente en la última década, con un 8% por año. Pero su comercio exterior creció en un 38%, es por eso que las corporaciones americanas y Corea del Sur, han decidido irse a China. Claro la mano de obra cuesta menos, por ende gana más al vender en los Estados Unidos el producto. Pero también hacen que la economía China crezca, menos desempleo, más producción, más poder influyente, más préstamos a menos intereses. ¿Por qué? Lo puede garantizar la estabilidad comercial.

El déficit comercial de los americanos es de cerca de 500 billones de dólares, pero la China creció a 20 mil millones de dólares. Tuvo un superávit. Por eso China, tiene la llave del reino americano con sus bonos, así lo declaró el jefe de inversiones Pinco, pero otros países se van a unir a ella, creciendo más su poderío económico.

También las corporaciones de armamentos de magnetos guiados para las bombas por GPS o satélite, se trasladaron a China. ¡Grave Error! ¿Por qué? Los chinos sabrán de las armas de los "gringos", encima podrán sabotearlas o controlar sus mecanismos, sabiendo sus frecuencias.

Tan solo diré que China, tiene acciones en el GPS (Global Positioning

System) de Europa, el mismo que los americanos le ordenaron a los europeos apagar cuando invadió a Irak. Porque ellos, incluyendo Rusia, saben del ojo que intercepta todos los misiles teledirigidos contra otras naciones. Es que ya tienen acceso otros países y saben sus frecuencias también.

Por eso cuando Bush, le dijo a Putin, ustedes están ayudando a Irak, tecnológicamente, Putin le contestó "Ha, si esto hubiera sido así, ustedes nunca hubieran desembarcado" ¡Bueeeno! ¿Qué les puedo decir?

Pero lo grande de todo esto es que los mismos americanos, están ayudando a los chinos al crecimiento pensando que luego lo podrán sacar del camino, como hicieron con Saddam, Noriega y Bin Laden. Aquí habrá otra historia, ¿Por qué? Para entonces la China, tendrá el dinero para financiar la guerra contra los Estados Unidos, el poderío militar y habrá menguado económicamente a los norteamericanos y su comercio. Para entonces, el mundo dependerá de la China y sus aliados desatándose el principio del FIN, en un mar de la China, se enfrentarán éstos dos colosos. Los Estados Unidos y la China y sus aliados, más todos aquellos países que tienen una espina o que han sido invadidos por los "gringos" incluyendo los árabes, indús, los japoneses, los coreanos y toda América Latina. ¿Y ahora?

Algo que es consistente con todo esto que estoy profetizando, es el hecho de que China, ya comenzó su propio (GPS), totalmente distinto, con diferentes frecuencias, claves y códigos, para destruir cualquier misil o bomba enviada por otros países. Pero no ha llegado el tiempo todavía, hay que desangrar el dinero americano, dejándolo débil, para la última estocada.

Recientemente en Shangai, cuando la bolsa cayó, en los Estados Unidos; Japón, Francia, Inglaterra, Alemania y Rusia, temblaron también al saber que el mercado con todas sus acciones en inversiones tuvieron un efecto domino. El 2 de Mayo del 2007 en Shangai, los inversionistas fueron muy cautelosos, como si sospecharan que algo se avecinaba. Estos son indicios del potencial de la nueva China, como nación dominante.

Según Hillary Clinton, esto fue una prueba del control y poder de la economía China. Agregó además, que debemos ser más cautelosos, porque podríamos terminar siendo rehenes de los chinos y su prepotencia económica.

Se dice que presentían algo, debido a que la bolsa estaba subiendo uniformemente y estaba muy propensa a una caída espantosa, por eso en Shangai, fueron muy cautelosos. ¿Habrán obtenido los chinos alguna información privilegiada? Si fue así, ¿Cómo los "gringos" no?

¿Será que China, ya está dando los indicios que está moviendo el mercado mundial a su antojo? ¡Cuidado Norte América! Se avecina tu fin y tu hegemonía.

Cuando llegue este momento los norteamericanos provocarán, inventarán e idearán un pretexto o plan, para atacar a los chinos, antes que verse supeditados al control asiático. Que difícil se le hace aceptar que la fuerza o poder de los americanos, ya no está en la moneda, sino en el poderío militar para obligar por la fuerza.

La ONU, El Petroleo y La Comida

Es obvio para aquellos que han leído del escándalo de "Comida por Petróleo", que la Naciones Unidas es una institución corrupta e inmoral como también es sabido por muchos, que el poder está en manos de una partida de diplomáticos corruptos, que guiados por los Estados Unidos, cumplen al pie de la letra las disposiciones americanas. Pero la pregunta que está en juego es; ¿Cuánto sabía Kofi Annan?

El propio hijo de Kofi, estaba envuelto en el despilfarro de fondos. Billones estuvieron envueltos en este intercambio de comida por dinero. Esto hace pensar que si, "Las Naciones Unidas no son una institución criminal, entonces la magia, es un grupo de pequeños hombrecitos preocupados por el bienestar de la sociedad" ¡Que ironía!

El programa inicialmente fue preparado con la intención de sacar el dinero de las manos de Saddam, producto de los ingresos del petróleo y luego asegurar que la comida y medicinas fuera ayuda al pueblo iraquí. Pero Saddam, decidió cambiar los planes y sus propósitos también.

Uday, el hijo mayor de Saddam, fue ayudando con fondos para el Comité Olímpico Nacional. El mismo Kofi, le dio en Junio 13, 2002, 20 millones, para ayudar a construir un estadio olímpico, con miras a las olimpiadas del 2012, plan que Uday tenía en mente.

El mismo Saddam, construyó un palacio nuevo con la ayuda de las Naciones Unidas, programa que duró ocho años. En adición, le vendía el petróleo a clientes privilegiados al precio pre – establecido y le pedía un por ciento de ganancia devuelto, a cambio de hacer negocio directamente con él. El régimen iraquí, usaba este dinero para extorciones y comprar personajes influyentes en otras partes del mundo para sus propios negocios.

Uno de los que se benefició de este programa fue el magnate de Detroit, Shakir al Khafaje, quien se llevó 400,000 para dárselos al que había sido inspector de armas Scott Ritter, para hacer una película en contra de las sanciones de la ONU. La película se llamaba "In Shifting Sands" o en español en "Arenas que se mueven" o "Arenas Movedizas".

Mientras tanto en Irak, la gente chíita se morían de hambre. Otro grupo que sufría eran los kurdos, aquellos que Saddam, les destruyó su región, villas y los ejecutó a la gran mayoría en los ochenta.

Kofi, fue aconsejado por varios agentes y personal de la ONU, pero decidió hacer el programa de "Comida por Petróleo", con oficinas en New York, para supervisar el trabajo de las 9 agencias, que luego negociarían directamente con él. La ONU usó las oficinas que tenían en el medio oriente.

La mayoría eran sunitas que trabajaban en estas oficinas, así que se pueden imaginar la preferencia que había.

El gobierno iraquí explotó al máximo esta discriminación para sus propios fines políticos. Por ejemplo, la oficina de la Organización Mundial de Salud en el Cairo, detuvieron la construcción de un hospital muy a pesar que los fondos estaban disponibles para beneficiar a los kurdos. Los kurdos, son los que han sufrido más, porque de los 8.4 billones, ¿quién se lo debe? Las Naciones Unidas, pero la ONU, no está dejando ver los libros, ni donaciones y mucho menos los documentos bajo su custodia ¿Habrán documentos comprometedores en las cuales los Estados

Unidos, tienen sus manos sucias?

Cerca de 200 personas y compañías habían sido compradas con ofrecimientos de dinero, a cambio de apoyo. Una lista que se encontró en el ministerio de petróleo de Irak, implicaba a unos grandes personajes de la ONU, incluyendo a Binon Sevan, director ejecutivo del programa "Petróleo por Comida" estaba en la lista. Es que juegan con Dios y con el Diablo. Chirak y Artin, estaban envueltos en el programa, por tal razón siempre se opusieron a las sanciones de la ONU, también a la invasión, claro se iba a desatar y saber todo. El presidente de Indonesia, el pasado ministro de Francia Charles Pasgna, y el político británico George Galloway, todos implicados.

Hasta los rusos y franceses contratistas se beneficiaron de éste programa, muy a pesar que Saddam, usaba un banco el BNP, Paribas en Paris. Además de Saddam y sus secuaces, los número uno y dos beneficiarios, también estaba la ONU. Para que dicho programa pudiera financiarse la ONU, cobraba el 2.2% de las ventas del petróleo, para los gastos administrativos, en adición 0.8% para pagar por inspeccionar armas en los ocho años, dándole a la ONU 1.9 billones de la venta de petróleo iraquí. Debido a este dinero los empleados de la ONU, crecieron llegando a tener cerca de 3,000.

Si este es el desglose del dinero

hecho público, ¿Cómo será del dinero no hecho público? ¿Cuántos negocios tendrán a escondidas con otros dictadores? Pero luego hablan de Fidel Castro. ! Asquerosos ladrones, vil manada de puercos!

Con razón cuando Kofi Annan, se encontró con Saddam, en el 1998 y le preguntaron qué pensaba de Saddam, éste contestó "El dictador iraquí es un hombre que yo puedo hacer negocios" ya estaba planeado todo lo del programa.

Lo cierto es que todo esto de dinero a cambio de comida, armas, subsidios, programas y petróleo siempre existirá mientras los Estados Unidos, extorsionen sus aliados a cambio de un voto, propósito, plan o petróleo. Ellos lo instituyeron y los demás lo aprendieron.

Lo que preocupa grandemente durante la 60 Cumbre Mundial de la Organización de Naciones Unidas, es que el borrador de 400 enmiendas impuestas por los americanos, solo se quedará en promesas. Muy a pesar de tratar de eliminar el hambre y la pobreza, sal y agua se volvió.

Ahora, hay otra cosa que tiene que estremecer al mundo. Es una de las cláusulas que fue eliminada, pero que antes estaba controlada. Es la del desarme nuclear, Estados Unidos acaba de re-instalarla. Esto es consistente con la idea de volver al poder militar a través de la fuerza.

Al armarse intimidará a otros países a

seguir sus directrices. Esto vuela a Asia y América Latina. ¿Tendrán planeado el darle ayuda militar a los judíos? ¿Qué me dicen de Colombia? Ahora que está rodeada por países izquierdistas, Ecuador, Venezuela, Bolivia, Uruguay, Chile y Argentina. Todo esto para detener el socialismo o comunismo, tal como hicieron en la época de los setenta. Pero las circunstancias son diferentes, la gente ha despertado y entiende que los supuestos dirigentes demócratas, no entendieron que ya los países están hartos y fracasaron otras alternativas.

Esto huele muy mal, veo el inicio otra vez de la guerra fría y la ONU, nada hará.

La ONU, que antes se llamó, La Liga

de Naciones, cuando se fundó en el 1920, luego de la Primera Guerra Mundial y que los Estados Unidos se adhirieron a ella, nunca detuvo la Segunda Guerra Mundial, la invasión de los americanos a Nicaragua, ni tampoco el odio de racismo.

El 1946, aparece con su nuevo nombre, bajo la tutela de los Estados Unidos. ¿Cómo se puede probar esto? Cuando la guerra en Corea, no habían pasado ni cinco años cuando la invadieron y la ONU, nada hizo.

Por eso el sub-secretario de Estado, John Bolton, dijo "cuando los Estados Unidos, toman el liderazgo, no queda de otra que seguirlo. "Hay que estar con todos sus deseos diabólicos de control del planeta. Así seguiremos viendo más títeres en la silla de la ONU ¡Qué pena!

¿Hasta cuándo América Latina, entenderá que las cosas de los hispanos, las resuelven los hispanos?

Es por eso de gran necesidad de hacer una institución u organización, puramente latina que entienda el dolor, las necesidades, la pobreza, el hambre de nuestros países hispanos parlantes. ¿Por qué no la podemos tener? Acaso no han hecho en el cono sureño, un banco para los integrantes del Mercosur y otros países hispanos, que estén dispuestos a representar a su nación. Ya Brasil y Venezuela, lo comenzaron. Ahora compete a otras naciones emular esta acción.

Les aseguro que ola "tiburón" como le llama Rubén Blades, temblará. ¿Dónde está nuestra cultura? ¿Qué representaría ésta revolución bolivariana para nuestros pueblos? ¿Acaso, los ideales de Bolívar, Sandino, Pancho Villa, Zapata, Juan Pablo Duarte, Betances y Martí, están muertos? Esfuerzos de éstos grandes titanes, no puede pasar nunca desapercibido. ¡Qué ingratos somos! Les recuerdo el pensamiento de un gran filósofo, "De que vale el mundo entero, si el alma pierde su derrotero". ¿Cuál será nuestro destino? De ti depende hermano mío. Vaya en paz...

Bush Ocultó Verdad sobre Zona Cero

Según Sierra Club, La Agencia de Protección Ambiental (EPA) conocía los peligros de la combustión de plásticos y amianto, benzina, asbestos y la combinación del combustible del avión, pero estaban más interesados en reabrir la actividad de Wall Street.

La EPA, intentó deliberadamente de cambiar el estado y sus hallazgos, pero en vano, trabajadores comenzaron a experimentar tos crónica y sinusitis.

Carmen Calderón, coordinadora para el Fondo Legal Puertorriqueño, sabe de cerca de 150 casos de latinos que se han enfermado por el humo y polvo tóxico, que le han causado desde asma hasta una gran disminución de la capacidad pulmonar.

Por tal razón el juez de la corte suprema estatal de Manhattan, Michael Stallman, falló a favor de los trabajadores, notificándoles que tienen el derecho de demandar a la ciudad después de 90 días.

En un programa que fue desarrollado para monitorear a las personas que estuvieron expuestas a sustancias tóxicas, encontraron que de 16,000 personas, más de la mitad tenían enfermedades que estaban relacionadas al 9/11.

Lo triste de todo esto, cuando los trabajadores se fueron a trabajar, algunos voluntariamente no le preguntaron si eran legales en este país, no les importó, si eran blancos, negros o hispanos, todos dieron de su esfuerzo y trabajaron juntos. Sacaron víctimas heridas y cadáveres sin ningún "pero", entonces debemos estar ahí para los que se enfermaron, durante esta gran odisea.

Recientemente el hijo de un policía de Nueva York, que trabajó 14 horas diarias en ese hoyo de fuego, murió. El hijo César Borja Jr., se reunió con el presidente para notificarle que 25 millones para la salud de los trabajadores del 9/11, son insuficientes.

Inclusive la senadora Hillary Rodman Clinton, ha propuesto 1.9 billones de dólares adicionales para las víctimas.

También diré que el canal de Televisión "New York 1" comentó hace tres años aproximadamente, que de las 246,000 familias que sufrieron algún tipo de daño, debido a el polvo tóxico, el 90% de ellos cometieron algún tipo de fraude. Ahora es sabido por todos que cerca de lo que se conoce como la "Zona Cero" viven gente que pueden pagar altos alquileres, en su gran mayoría blancos. Se puede deducir que esa gran mayoría blanca que vive allá, fue la que cometieron ese fraude. Porque los negros, hispanos (dominicanos, puertorriqueños etc, etc.) no pueden pagar esos altos costos de vivienda. Se fijan mis hermanos, que los ladrones vuelven otra vez en su gran mayoría a ser blanquitos. Queda comprobado todo. Para muestra un botón.

Cuando hablé de Irak, probé

claramente que la religión y la política tienen y tendrán un destino común; el dólar. Bueno tengo que admitir se me olvido incluir al gobierno (Estado), ¿o no se me olvidó?

Estos contratistas trabajan en sistema de radio, comunicaciones, y maquinarias, computadoras, armas y todo equipo tecnológico. Fueron entrenados para esto.

Están en todo tipo de negocios, en los canales, proveen alimentos, cuidan los oleoductos, las plataformas petroleras, los ejecutivos americanos, escoltan y dan servicios a los periodistas de cadenas de televisión, son los mercenarios contratistas. Así sus tentáculos se han extendido a otros países incluyendo, Irak, Colombia, Irán y

América Latina. Pero lo nuevo de todo esto, o lo último de los muñequitos es que están en la activa participación en el combate. Por lo general hacen el trabajo que los soldados americanos no hacen, a incluirse agentes de la CIA, no se meten en los sitios donde ellos se meten, participan en las conspiraciones y todo tipo de guerra sucia.

En la primera guerra del Golfo, por cada 50 soldados había un mercenario, en Afganistán, la cifra aumento, por cada 12 soldados había uno.

En Irak, ahora por cada 10 soldados hay uno. Se le conocen como contratistas o sea matones a sueldo. ¿Serán algunos de estos contratistas los mismos mercenarios de la antigua Roma, pero con diferente cuerpo?

Los Paramilitares en el Mundo

Esto de los grupos paramilitares ha existido desde mucho tiempo atrás, específicamente desde la segunda guerra mundial. Para aquel entonces los norteamericanos privatizaban las fuerzas armadas a través de compañías y contratistas. Utilizaban a los civiles para dar apoyo logístico y les enseñaban a usar armas. Luego el ex presidente Bill Clinton, dio el visto bueno en un documento titulado "National Performance Review", donde pedía la privatización de las fuerzas armadas a través de la creación de compañías Privadas Militares (PMC), los cuales recibían apoyo económico estatal. Que claro está todo esto.

Básicamente institucionalizaron lo que luego vendrían hacer los grupos paramilitares o mercenarios, apoyados por el sector corporativo privado. Estos norteamericanos le enseñaron al mundo como entrelazar el dinero de las grandes corporaciones o trasnacionales con los objetivos deseados en otros países. ¿Será protegiendo sus inversiones o haciendo nuevos contratos? ¡Cuánta razón tenía Sócrates! Al decir y explicar "Si tomas un niño y lo enseñas a robar cuando estés viejo, no corres el riesgo de ser robado por éste también". Los "gringos" han sido los maestros del lavado de dinero, de las torturas, del reclutamiento de los llamados grupos "Escuadrones de la Muerte".

Les pagan entre 2,500 a 4,000 dólares al mes de acuerdo al rango.

Este ejército secreto del Pentágono según lo llama el New York Times, dijo que estos mercenarios pertenecen a las compañías subsidiadas de los 500 más grandes que se revelan en la revista Fortuna, como por ejemplo Halliburton, Dyn Corp. Northrop Grumman y Logicon. La Grumman, la suplidora más grande de armamentos. Los líderes de estas compañías con ejecutivos republicanos siempre están en el círculo más cercano a Bush.

Estas compañías contratistas han querido entrenar a estos mercenarios en suelo latino.

En Honduras, Colombia, base de donde son entrenados la mayoría de ellos.

Por eso ya se han registrados en Perú, Chile, Argentina, Guatemala y Honduras, las famosas compañías privadas que contratan a estos ex comandantes.

En Colombia la policía estaba detrás de Diego Fernando Morillo, alias Adolfo Pozo o Don Berna, que según la policía y DEA, han sido el criminal de más renombre y quien inundó los mercados de droga en los Estados Unidos. ¿Se acuerdan de éste personaje?

¿Qué me dicen de Salvatore Mancuso? El mismo ha confesado más de 300 asesinatos a cambio de ocho años de cárcel. Éste presentó a los investigadores un documento que contiene firmas de una docena de personajes políticos, entrando a un pacto de protección.

Estos personajes políticos son aliados a Uribe el presidente, Álvaro Araujo, hermano del canciller María Consuelo Araujo.

También Ernesto Samper, el ex presidente recibió cerca de 6 millones de dólares para su campaña política, de parte del cartel de Cali. Todo esto llevó a los americanos a desertificar a Colombia, en la lucha anti-drogas. A pesar de todo esto Samper, aprobó una ley con su partido en el 1997, para restaurar la extradición de narcotraficantes a los Estados Unidos.

Tal como lo que hizo Álvaro Uribe, a

la constitución para poder ser re-electo a la presidencia. Pero claro, todo bajo la tutela de los americanos, como siempre. Así ideó el Plan Colombia, e hizo que lo firmara el gobierno colombiano, y luego el TLC o el ALCA.

Lo triste de todo esto, es que los mercenarios de acuerdo a la Convención de Ginebra, no son considerados como "Combatientes", porque no usan uniforme militar, pero tampoco son considerados "no combatientes" porque tienen armas. Entonces, ¿Qué harán con ellos? Ni siquiera en términos jurídicos pueden ser considerados mercenarios, porque tienen que estar envueltos en combate representando a un gobierno extranjero pero ni siquiera su país está participando. En otras palabras combatientes, mercenarios a sueldos bajo el gobierno americano (Compañías Privadas).

El sentir de Washington, con relación a los paramilitares en Colombia, la fortaleza, el temple, la decisión, la rapidez con que se desarrollan, han puesto a Washington, a creer que hay una especie de súper héroes.

Tengo que añadir a todo esto, que los científicos están jugando un papel extraordinario, se han desarrollado unos químicos o drogas especiales, que animaron el miedo en los combatientes. Estaban experimentando con varios medicamentos y creen tener ya uno que trabaja bastante bien. Estos químicos le dan más arrojo o valor en el frente de la batalla. Ya estamos en la era de los robots, donde el sentimiento de los hombres es totalmente adormecido, sólo siente odio, coraje y deseo de matar.

Me imagino la cantidad de muertos que habrá, no existirá civilización y muchos menos serán respetados acuerdos o tratados establecidos. El hombre se alejará totalmente de los derechos civiles, del deber para su comunidad y el respeto a la vida. Todo el valor se vendrá abajo, sólo seremos considerados caníbales.

Claro, no he mencionado todavía el daño emocional a los hijos de los que pierdan a sus padres. Tampoco las necesidades económicas a superar por aquella familia. Estas son algunas de los efectos de la guerra y una sociedad enferma, que no puede ver las causas que originan tales efectos destructivos.

Conclusiones Guerra (Irak)

Luego de varios intentos de la administración Bush, por buscar una justificación o un pretexto para iniciar una invasión a Irak, lograron una serie de pasos y adoptaron una política de contactos de Al Qaeda en Irak, con los que no estaban de acuerdo los agentes de los servicios de inteligencia previo a la guerra. Irak, no fue un suelo para Al Qaeda hasta que fue invadido por los Estados Unidos. Utilizaron la desinformación, manipulación, la diseminación por medios de propaganda planificada, con el objetivo de conseguir cierto comportamiento con una finalidad social, política, económica y militar. Donde la difamación, el desprestigio, la tecnología informática y la maldad refinada para lavar el cerebro de muchos americanos ciudadanos y así aceptar toda la agenda y planes que tenían de invasión. El Bushismo descarado y la arrogancia plasmada en el guerrerismo, el concubinato con las corporaciones, la imposición de la política neoliberal hoy en desprestigio, el repudio internacional y una economía en crisis demostraron la mente maquiavélica como presidente. Probado queda.

El Inspector General del Departamento de Defensa, Thomas Gimble, aseguró ante el comité de las Fuerzas Armadas del Senado, que analizó un informe sobre la situación en Irak antes de la invasión, en el cual reconoce ciertas informaciones de seguridad difundidas por el Pentágono, eran de dudosa calidad y fiabilidad.

En el informe Gimble, habla sobre Douglas Feith, quien proporcionó dichos datos en el 2002, para promover la invasión de Irak en el 2003.

"El Washington Post", señaló que el estudio de Feith, estaba pre dispuesto para encontrar la relación Al Queda e Irak. De hecho, el contenido del informe de Feith, fue argumento que se utilizó para promoverlo y venderle la guerra a los estadounidense.

Se puede decir que el mismo Pentágono, manipuló dicha inteligencia de ese informe para meter al pueblo a una invasión innecesaria.

La guerra comenzó mal, primero con Joseph Wilson, embajador que estuvo en el Sur de África, para investigar si le estaban proporcionando uranio enriquecido a los iraquíes. Nada resultó ser cierto. Segundo, se le acusó al gobierno de Saddam Hussien, de tener armas de destrucción masiva, tercero, trató el Pentágono y lo logró de demostrarle al mundo la relación "supuesta" entre Al Queda e Irak.

No entiendo la razón de atacar a Irak, ¿Sería por el petróleo? ¿Sería porque intentó matar a su padre? Tampoco tuvo nada que ver con los ataques terroristas en Nueva York a las Torres Gemelas. ¿Entonces? El presidente creó esta guerra, la diseño, la ordenó y la justificó, entonces él debe pararla.

El caos que vive el pueblo de Irak hoy va más allá. La injustificada guerra de los americanos sólo aceleró los enfrentamientos entre ellos.

El control por el Islam viene del Siglo VII, luego de la desencarnación de su líder: Mahoma. Los Sunistas siempre controlaron a los Chiitas de Irán. Cuando Saddam, fue destituido, el poder pasó a los Chíitas, que abusaron de los Sunitas. Éstos pidieron ayuda a Arabia Saudita.

Hoy los Chíitas dominan en el Líbano, con Hezbolá y en Palestina con Hamas. Pareciera que Sunitas, Chiitas y Kurdos, prefieren repartirse el país, antes de tener que vivir juntos entre sí. Ni los americanos con sus bombas, granadas y misiles han podido hacerlos convivir juntos. Tenía razón Jesús cuando dijo "El fanatismo habrá de menguar la humanidad con sus guerras". Las guerras religiosas a través de los tiempos han comprobado todo lo antes expuesto.

Por eso ha sido tan difícil el dominio en Irak, cuando arribaron los norteamericanos encontraron en Irak, una guerra civil, en la cual fueron atrapados ellos y la hecatombe se acrecentó.

Estos "halcones de la muerte" como los llama Vicky Peláez, crearon un caos en Irak, luego propiciaron un ambiente de terror, específicamente los soldados americanos fueron instruidos de romper y destrozar las entrañas de los iraquíes muertos para causar un efecto psicológico en los soldados iraquíes y así se entregaran o salieran corriendo, por último, intimidar a la gente a nivel global programando y activando un pretexto de lucha contra el terrorismo y así a través de esa excusa poder reelegir a George Bush, como eterno combatiente contra el terror. ¡Que bien les quedó! Fraguaron de antemano las próximas elecciones, de hecho así se materializó... Bush, invento 935 mentiras para implicar a Saddam y Al Qaeda en una relación y justificar una guerra donde nunca se encontraron Armas de Destrucción Masiva. ¿Qué dicen mis hermanos?

Soldados, El Caos y La Muerte

De acuerdo a un informe del pentágono se necesitarán alrededor de 100,000 soldados más para detener el avance de los iraquíes y tener control sobre Bagdad, de lo contrario la misión es imposible. Así reclutaron 163,500 mercenarios.

Actualmente en Irak hay 166,000 tropas de soldados americanos, de esos sólo el 60% va al frente de la guerra. Los otros que representan el 40% dan apoyo logístico, es decir informan, nutren y dan servicio de inteligencia. En total entre mercenarios y soldados hay 330,000 militares y contratistas que enfrentan el pueblo iraquí. Debo aclarar que la coalición de países solo tenían 11,500 de entre 39 países incluidos en los 166,000 estadounidenses.

Estos mercenarios a sueldos son los llamados a crear caos, el desorden y los atentados para envolver en la sangre a todo Irak, puesto que están repartidos. La estrategia del contrainsurgente Petraeus, no ha dado resultado, es deber mío aclarar que estos mercenarios a sueldo, son los que luego de terminada la guerra, pueden volver a sus países con el "Síndrome de Frankestein" es decir matar a todo aquel que se le cruce en el camino. Ahora son cientos y miles; ¿Quién detendrá a estos asesinos? ¿Y no fueron entrenados para matar? Así siguen los muertos, enfermos y los casos de destrucción social son el resultado.

Lo que no puedo entender, ¿Cómo con tantos soldados y mercenarios de acuerdo a Rumsfeld, que los Estados Unidos tienen la capacidad para dos guerras a la vez? No han podido ganar ni una. Por eso no creo que los Estados Unidos ataquen a Irán, no tienen dinero ni tampoco los soldados de ahora.

Lo peor es que se le ha dicho a través del Senado y el Congreso, que la guerra en Irak, está siendo ganada y se ha visto progreso. ¿Dónde? Si lo que hay es un caos, un desorden general, pero Petraeus, está bajo el mando de Cheney y sus secuaces, se reunieron y luego se pusieron de acuerdo para decirle al pueblo americano su versión y mentirle, para seguir esta guerra y la asignación de fondos, que le ha costado al pueblo casi un trillón y medio. Pero no hay dinero...

Sobre los muertos, de acuerdo a la Escuela de Salud Pública de la Universidad John Hopkins, se estima que de marzo del 2003, a julio 2006, unos 600,000 iraquíes civiles fueron asesinados vilmente, pero esta cifra representa hasta el 2006 y estamos a fines del 2011, lo que indica que estamos picando para el 1,200,000 mil civiles muertos.

De los soldados nuestros muertos, CNN, dice que son 3,753, yo digo hay más de 6,000 ya. Sólo del 2006 en Septiembre, al 2007, murieron 1,046 soldados americanos, en una guerra sin sentido y lógica, y de estos el 58% estaban entre las edades de 18 a 24 años o sea jóvenes que representan la "crema de la crema" americana. Solo un 10% eran latinos que también pudieron haber sido doctores, abogados, ingenieros, profesores y científicos. No en balde la sociedad americana está cada vez retrocediendo, la luz de estos jóvenes ha sido apagada y falta ese progreso. Ni hablar de la epidemia de suicidios, la organización "Madres Contra La Guerra" ha reportado 120 muertos por semana, equivalentes a 6,240 por año en el 2005, esta cifra es un aumento comparado con el 20% que murieron en el 2003. Del

2006 y el 2007 nada se sabe, todo lo tienen bajo control. Pero esa cifra aumentó al 2011.

No sé, si por acción u omisión se han perdido los números de los veteranos, que aunque muy pocos han vuelto con trastornos mentales y disturbios emocionales, impedimentos físicos, como ejemplo; sin piernas, sin brazos, ciegos. Pero si se sabe que éstos triplican la cantidad de los que ya murieron. Ahora estos veteranos son tratados como basura humana, luego que fueron condenados son incapaces de adaptarse a la sociedad. En Vietnam, se registraron 200,000 desamparados en las calles de Estados Unidos, un 30% de los que regresan sufren de (PTSD) o sea desorden de estrés post traumático, y esperan entre 3 y 6 meses para una consulta médica. La guerra daña el alma y deshumaniza a los hombres. Aquellos que vinieron mentalmente perturbados, ya se le ha cerrado la puerta a su rehabilitación. El presidente ya redujo los fondos para éstos en la administración de veteranos. En otras palabras el tratamiento para la cura de estos valientes no será administrada. Por tanto, ahora tendremos más enajenados andando en las calles, cometiendo atropello en sus hogares contra su mujer y familia, los divorcios lloverán, el maltrato a los niños estará presente, la violencia domestica será un hecho y por último, la seguridad social pagará las consecuencias de esta guerra. Ahí están los efectos de una sociedad enferma y disfuncional. Que hablen los sicólogos, los siquiatras y los terapistas, ¿qué dicen los sociólogos? ¿Dónde dejamos a los trabajadores sociales? ¿Habrá una demanda grande para ellos luego de la guerra? Apenas comienza la odisea.

De los pobres reporteros ni hablar, entre periodistas, camarógrafos, litógrafos y comunicadores de cadenas de televisión han muerto 200 en total. De hecho, la ola de crímenes en contra de éstos hermanos arriba mencionados corrobora que la guerra en Irak, es el conflicto más letal en la historia del periodismo. Que busquen los números, a eso me limito.

La Guerra en Manos Privadas

Es alarmante saber el número de contratistas privados a los que Estados Unidos en Irak paga. Estamos hablando de cerca de 163,000 un número muy alto y por encima de los 166,000 soldados americanos en Irak.

La cifra de acuerdo al New York Times, incluye 21,000 americanos, 33,000 extranjeros en su mayoría latinos de diferentes países y 115,000 iraquíes, cuyos salarios son pagados por los contribuyentes de los Estados Unidos. Lo triste de todo esto es que el pueblo americano, no está de acuerdo con todo ese presupuesto usado en la guerra. Es el Presidente, que ha determinado que hacer con ese dinero, así lo ha demostrado la popularidad de Bush, lo cual descendió a un 32%, posterior a la guerra.

Ejemplo de todos estos contratistas privados en Irak, es la compañía de seguridad "Blackwater". A éstos se les acusa de matar el 16 de Septiembre, a 17 civiles premeditadamente. Estos asesinos a sueldos disparan primero y luego preguntan, por eso se les suspendió la licencia.

El primer ministro Narial Maliki, y el gobierno iraquí están pidiendo indemnizaciones a los Estados Unidos, la cifra es de 8 millones, por cada uno de los asesinados o sea 17 a 8 millones, suman 136 millones.

El Jefe de Seguridad del Departamento de Estado, Richard Griffin, renunció el miércoles en el medio del escándalo de Blackwater. En adición, el Departamento de Estado, prometió inmunidad a los guarda espaldas de Blackwater, como resultado pasarán meses antes que la fiscalía federal pueda presentar cargos penales contra ellos. Esto ha enfurecido el gobierno iraquí, que prometió su propia investigación.

El gobierno estadounidense gastó 50,000 millones en servicio de inteligencia en este año fiscal. En este presupuesto están la CIA, FBI, NSA, que se dedicaba al espionaje electrónico y la ANIG que recoge y analiza imágenes desde el espacio. Que sirve de prueba. Ivana Vuco, funcionaria de la Misión de Asistencia en la ONU, mencionó investigaremos estos crímenes en contra del pueblo de Irak, si hay evidencia la presentaremos como crímenes de Guerra contra la humanidad.

Volvamos a los 126,000 hispanos que están en Guerra en Irak, de esos hay mexicanos entre ellos. Bueno lo que no saben éstos, que al servir en una Guerra sin autorización del Congreso Mexicano, dejan de ser ciudadanos mexicanos, y aunque muchos sienten el amor hacia su patria, no estaban al tanto de ese artículo en la Constitución. ¿Será que los mexicanos para proteger a sus ciudadanos luego del Álamo, se idearon este articulo? Trae tristes recuerdos de los territorios que los gringos les quitaron a los mexicanos, y con razón no quieren nada de ellos.

Pero el presidente Bush, con su pléyades de halcones de la riqueza tuvieron que modificar las leyes migratorias y así un residente que haya cumplido un año en la Guerra, tiene derecho a la ciudadanía Americana, claro está, sino lo asesinan antes. Nada más añado.

Los E.E.U.U. y Las Torturas

La Asamblea Parlamentaria del consejo de Europa, recibió un informe del legislador suizo Dick Marty, en el que denuncia a la CIA, por haber establecido canales secretos en Polonia y Rumania.

Marty, afirmó que el "Washington Post" sabía de estas cárceles desde el 2005, pero llegó a un acuerdo con la Casa Blanca, de no citar a Polonia ni Rumania, como los lugares de detención terroristas. También sabía el Washington Post, de la lista de 350,000 sospechosos en terrorismo (de acuerdo a su definición) por la agencia de Seguridad Nacional.

Cientos de personas fueron secuestrados sin control judicial, como los que hay en Guantánamo, Irak, Afganistán y Europa.

Toda esta información es consistente con lo que expresó el ex presidente Jimmy Carter, al decir públicamente que los "Estados Unidos tortura a prisioneros" ¿Se han olvidado de la Convención de Ginebra, de la prisión de Abu Ghraib y Guantánamo?, así preguntó Carter.

Los comentarios de Carter, vinieron luego que el presidente Bush, hiciera unos comentarios negando dicho hallazgo. Algunas técnicas son el pegarle en la cabeza, el simular ahogamiento y someter a los prisioneros a temperaturas muy bajas.

Pero en una cárcel federal en Virginia, un juez falló a favor de los civiles residiendo en los Estados Unidos. Ellos no pueden ser encarcelados indefinidamente, porque se cree tengan algo de terroristas.

Pero lo que no entiendo es cómo pueden los Estados Unidos, indiscriminadamente tratar de encarcelar a prisioneros por un lado, pero por otro en Junio del 2007, estaban aprobando 7,000 visas a los iraquíes que sirvieron de traductores en la Guerra.

También ha dado conferencias una y otra vez que están para ayudar al pueblo iraquí, pero han asesinado a más de 100,000. ¿Será sólo pantalla? Un truco, técnica o estrategia para quedar bien ante la opinión mundial, y así no manchar su moral. La mayoría de estos refugiados han tenido que meterse a la prostitución, puesto que tienen que sobrevivir, abandonar casas y negocios debido al bombardeo norteamericano. Invadieron Irán, Siria y Jordania, poniéndole presión social, política y económica a esos países.

Los Estados Unidos, se han alejado de los fundamentos y libertades básicas, que por años fundaron los padres de esta patria, argumentando que la rama ejecutiva del gobierno puede "arbitrariamente" actuar en la Guerra contra el terror.

Esto es consistente con lo que dijo el entonces fiscal de la nación Alberto González, "el presidente tiene el poder de violar cualquier ley en nombre de la seguridad nacional", e inclusive decirte a ti, que botes a todos los fiscales que se opongan a él. Dicho sea de paso la Casa Blanca, se negó a entregar documentos sobre el despido de éstos nueve fiscales.

En otras palabras Bush, se acogió al "privilegio ejecutivo". Esto lo planearon entre el Departamento de Justicia y la Casa Blanca, pero aludieron que dicha decisión no tiene motivaciones políticas. Entonces, ¿Cuál fue la razón? No encajaban con la política de odio de los republicanos, punto.

Pero lo de Bush, va más allá, pica y se extiende (como decimos en el beísbol), el Comité Judicial del Senado, está pidiendo documentos vinculados al programa de espionaje. Estos documentos están ligados también al programa de intercepción de comunicaciones o llamadas telefónicas. En esto entraron a cooperar con el gobierno de Bush, las compañías AT&T, Verizon y Bell Pacific, fueron acusados de entregar voluntariamente los records de llamadas desde los Estados Unidos al extranjero, a la Agencia de Seguridad Nacional. ¿Habrán hecho un trato el Gobierno de Bush y las corporaciones telefónicas? Veamos.

Bush, le dio el poder a Negroponte de escoger las compañías que estuvieran exentas o carentes de impuestos tributarios, éstas quedaron excluidas por motivos de seguridad nacional. Bajo la exclusividad presidencial. ¡Ahí está! Le dio los poderes y privilegios presidenciales a Negroponte. ¿Pero y no son sólo del

Presidente? Ahora resulta que hay dos personas con derecho presidencial.

Van más lejos. La oficina de Dick Cheney, el vice presidente desde el 2005, no reporta los documentos como clasificados, desclasificados y los supuestos "top secret", ni de ellos se saben. ¿Qué más podemos esperar? ¿Acaso falta algo? Si, cuando la Guerra comenzó Bush, le ordenó al pentágono y éste a bases militares en el 2003, que no iban a celebrarse los recibimientos de los caídos, ni cubierta por los medios noticiosos, de ningún personal muerto en ninguna de las bases aéreas.

Los programas que reciben fondos federales sólo son programas televisivos informantes del Gobierno, específicamente estoy hablando de CNN. Se les prohibió dar información de los cadáveres y el total de éstos. ¿Qué libertad de palabra y prensa hay? Ninguna, son estos amordazados.

Pero hablando de manipulaciones y estrategias para la Guerra en Irak, el gobierno ha infiltrado algunos reclutas, en su programa de empleo juvenil veraniego en Queens y Manhattan.

Lo mismo ocurre en las escuelas secundarias especialmente si los muchachos están retrasados académicamente. Desde que Bush vino con la historia y el cuento de; "No niño quedado atrás", esto le da acceso al ejército sobre los estudiantes en las escuelas.

Pero lo peor son los medios

noticieros, son usados para desinformar a la comunidad. Nuevamente CNN, volvió a poner su granito de arena ayudando al gobierno. Esta cadena pasó un video minimizando la posibilidad de que fueran a la Guerra en Irak.

Por esa razón; la ciudad debería de ser más responsable y abstenerse a participar en este servicio haciéndose cómplice en el reclutamiento, utilizando como trampolín los empleados y programas veraniegos.

El programa de verano utilizó 14 jóvenes que actualizaban, enviaban y daban publicidad de los mismos jóvenes, ¿Se utilizaron 56.4 millones de dólares para el reclutamiento de estos estudiantes? Esa fue la pregunta del concejal Lewis A. Fidler.

Por supuesto lo más vulnerable son los negros y los hispanos. Reclutadores asisten hasta a los festivales de la zona más pobre, hasta la Oficina del Presupuesto del Congreso (CBO), concluyó que gente de las clases baja y media están sobre representadas en las fuerzas armadas, comparadas con la población en general. El congresista Charles B. Rangel, está de acuerdo con el regreso, antes que estos jóvenes lleguen al punto de no regreso mental. Es una forma de adoctrinamiento militar y lavado de cerebro, para llevarlos a la Guerra. Parece que el ejército está en una u otra forma teniendo dificultades con el reclutamiento, o se han dado cuenta las tragedias que causan las guerras y la destrucción del núcleo familiar entre otras cosas. La desolación es moral y material.

La Salida de Irak

Luego de un informe de la Oficina de Contabilidad del Congreso, el Pentágono está preocupado porque de acuerdo a los auditores en Irak, no se han cumplido la mayoría de metas políticas y militares que tenían los legisladores. Sólo 3 de 18 requisitos han sido logrados.

Los demócratas, en ser mayoría guiados por el líder del senado Harry Reid, aprobaron un proyecto para la salida de Irak, pero Bush lo veto. Entiendo perfectamente la estrategia de Bush, una retirada ahora podría encaminarle a un enjuiciamiento. Quizás esto, salve a la nación de la venganza moral que introdujo Bush. Pero si esto no ocurre, ¿dónde quedaría la fama y el prestigio de Norte América? Flaco favor se le haría a esta nación de continuar en esta beligerancia.

Ahora desean los demócratas salir de Irak, después que ellos se hicieron cómplices y nos metieron en esta Guerra. Éstos, no estudiaron claramente los pormenores y los efectos de la Guerra que se avecinaba en Irak. Fueron detrás de Saddam Hussien, siendo el culpable Osama Bin Laden. Pudo más el deseo de atacar y de venganza que la razón misma.

Lo triste de todo esto es que Hillary, Obama y Edwards han sostenido y rehúsan ponerle fin a esta Guerra. Eso prueba mi punto de complicidad en esta Guerra de parte de los demócratas. Entonces se puede concluir, que cualquiera de éstos tres, es la misma cosa: Guerra por petróleo.

Obama, prometió al pueblo americano la salida de 3,000 soldados para agosto 2012, y luego paulatinamente otras. No creo sea de buena fe, sino porque no hay dinero, los republicanos no están dispuestos a seguir las directrices de Obama. En estos momentos están enfocados en una lucha de poder, y así seguirá mientras la nación sufre la contienda entre ellos.

El Informe de Petraues

El jefe de las tropas en Irak, general David Petraues, dejó al Congreso la retirada de Irak de unos 30,000 soldados.

Petraues, mencionó que había notado una mejoría en el nivel de la violencia, que había bajado en los últimas 8 a 12 semanas.

Pero la BBC, en Londres, la NHK y ABC de Estados Unidos, un 70% de iraquíes entrevistados, dijeron que el envío de tropas a Irak, habría empeorado la situación de seguridad y las perspectivas de progreso político y económico. Otro grupo estimó que las fuerzas deberían irse de inmediato.

Parece que luego de haberle prometido Bush al pueblo norteamericano un informe completo y con un tiempo definido, Petraues, tuvo que inventar la historia de mejoría en la violencia.

Así mismo, reducir los 30,000 efectivos que originalmente habían movilizados, en un intento por alargar más la Guerra y así justificarla. Prueba de esto son las encuestas y los entrevistados arriba mencionados.

Luego hablaron con Maliki, se pusieron de acuerdo con unos cuantos millones de apoyo, para que Maliki, les dijera "no se vayan que hacen falta".

Mi opinión es que los soldados americanos permanecerán ahí hasta Septiembre del 2012, pase lo que pase. Las esperanzas del pueblo americano de ver que los demócratas hagan algo son:

mínimas. Al parecer ni los demócratas, ni los republicanos nos han hecho más seguros tras la invasión a Irak. ¿Entonces? Pero si se ha manifestado el temor de la gente, nos han dejado ahora más vulnerable. Si no fuera así, ¿Por qué tanto le presentan en los trenes y comerciales a la gente "si ves algo dí algo". Cuanta explosión surge en Manhattan, la gente cree es obra del terrorismo. ¿A qué temen? ¿Acaso están paranoicos? O quizás vive en ellos la idea de algún día, ser objeto otra vez "blanco" de un ataque. Comuniquémosle a sus líderes en el Congreso, déjenles saber sobre su preocupación a ver si pueden remediarlo.

No creo Norteamérica, vivirá presa

eternamente del pánico. En otras palabras ¿Qué guerra ganó Estados Unidos?

Habría ganado la guerra militar, porque ese es su fin, pero en términos políticos y morales habrá perdido todo.

Estas cosas son necesarias para que el pueblo americano despierte y vea que sus representantes le privan de unos derechos y servicios necesarios, pero para la beligerancia de estos representantes del gobierno, nada le es ajeno. Pueden determinar qué hacer con tus impuestos y de qué forma usan esos fondos.

Algún día el pueblo se levantará y la opinión moral internacional se unirá en un mismo fin, para reclamar acciones y actos criminales en un conglomerado mundial y su poder económico será disuelto para siempre, por la creciente, deslumbrante y bella **"América Latina"**. ¡Viva Simón Bolívar!

Amado hermano, este libro representa los problemas, prejuicios y anomalías que los seres humanos pasamos muchas veces aún teniendo la razón.

Una sociedad errática, sin lógica y disfuncional. En la mayoría de las veces sin el cultivo del sentimiento y el respeto necesario. La civilización y la moral no están presente, pero todas estas cosas son las que acrisolan el alma y la purifican.

Espero te sirva de aliento en tu diario vivir y sea una herramienta para defenderte ante toda adversidad siempre...

Bibliografía

Asad,Tahal (1993) Genealogies of Religion: *Discipline and Reasons of Power in Christianity and Islam*. Baltimore: John Hopkins University Press.

Bonadeo, Alfred. Mark of the Beast: *Death and Degradation in the Literature of the Great War*. Lexington: University Press of Kentucky,1989.

Dockrill, Michael, and Douglas J. Gould. *Peace Without Promise*. (1919-1923). Hamden. Conn.: Archon Books 1981.

Egerton, George W. Great Britain and the Creation of the League of Nations: *Strategy, Politics, and International Organization*. (1914-1919). Chapel Hill: University of North Carolina Press, 1978.

343

El Diario, La Prensa, El Campeón de los Hispanos. (2005-2010). ImpreMedia, LLC, Co.

Martínez, Ángel (2000-2006). *La Doble Cara del Narcotráfico.* Colombia. Panamericana Formas e Impresos S.A.

Martínez, Ángel (2000-2006). *El Narcotráfico Como Forma de Vida.* Colombia. Panamericana Formas e Impresos S.A.

Montalvo, Richard (2007). *Compendio Metafísico.* Nueva York. Por el Autor.

Trincado, Joaquín (1961). *Código de Amor Universal.* Méjico. Editorial España, S. A.
Trincado, Joaquín (1971). *Conócete a ti Mismo.* Méjico. Tallares B. Costa –Amic, Méjico.

Pelaez, Vicky (2004). *Desde Las Entrañas.* Perú. Imprenta Ed. Pantigozo.

www.ingramcontent.com/pod-product-compliance
Lightning Source LLC
Chambersburg PA
CBHW031458270326
41930CB00006B/151